인간·지속 08

지속의 문턱에서 I

지속가능한 지구,
조용하지만 분명한 목소리

가톨릭대학교 인간학연구소 엮음

북코리아

인간·지속 08

지속의 문턱에서 I
지속가능한 지구, 조용하지만 분명한 목소리

초판 인쇄   2025년 8월 20일
초판 발행   2025년 8월 26일

엮은이   가톨릭대학교 인간학연구소
교정교열   정난진
디자인   북샤인(김효선)
펴낸이   이찬규
펴낸곳   북코리아
등록번호   제03-01240호
주소   13209 경기도 성남시 중원구 사기막골로 45번길 14
            우림라이온스밸리2차 A동 1007호
전화   02-704-7840
팩스   02-704-7848
이메일   ibookorea@naver.com
홈페이지   www.북코리아.kr
ISBN   979-11-94299-55-4 (93300)

값 20,000원

* 본서의 무단복제를 금하며, 잘못된 책은 구입처에서 바꾸어 드립니다.

머리말

지속의 문턱에서

우리는 지금 기후위기, 불평등, 생태파괴와 공동체의 해체라는 복합적 위기 앞에 서 있다. 이 위기들은 단순한 환경문제가 아니라, 인간의 삶과 관계, 가치의 문제이며, 무엇을 지속하고 누구와 함께할지를 묻는 윤리적 질문이다. 이 총서는 그 질문에 응답하기 위한 신앙과 실천, 사유와 기록의 여정으로 기획되었다.

『지속의 문턱에서』 시리즈는 2019년부터 6년간 진행된 한국연구재단 인문사회연구소지원사업(교육연계형) 「경계-모듈형 CUK 인성교육과정 개발 연구」의 마지막 성과물이다. 이 연구의 1단계(2019~2021)에서는 추상적이고 획일적인 기존 인성교육의 한계를 넘어서기 위해 학습자의 삶에 밀착된 모듈형 교육과정을 개발했다. 그리고 2단계(2022~2024)에서는 가톨릭적 인성과 지속가능발전목표SDGs를 연결하며, 공동체적 연대와 생명 중심의 인성교육 모델을 실천적으로 확장했다. 이 총서는 그 연구의 결실이자, 실천의 기록이다.

8권 『지속가능한 지구, 조용하지만 분명한 목소리』는 지구와 생명의 목소리를 기록한 현장 중심의 르포이다. 멸종, 오염, 기후재난 등의 현실을 통해 지구가 보내는 조용하지만 명확한 경고를 전하며, 공존을 위한 즉각적 행동을 요청한다.

9권 『지속가능한 마음, 서로를 포기하지 않으려면』은 빈곤, 기아, 질병, 교육, 차별, 실업 등 기본권을 박탈당한 이들의 목소리를 중심에 둔다. 가톨릭의 생명존중과 공동선의 가치를 바탕으로, 신앙인이 무엇을 지키고 어떻게 연대할 것인지를 묻는다.

10권 『지속가능한 미래, 이제부터 써 내려갈 이야기』는 소비와 생산, 도시와 문화, 평화와 교육 등 다양한 주제를 통해 지속가능성이 어떻게 사회 속에서 연결되고 실현되는지를 탐구한다. 연대와 상호이해, 협력과 상상력의 전환을 통해 미래는 함께 써 내려가는 이야기임을 제시한다.

'지속의 문턱'에 선다는 것은 단지 위기의 시대에 멈춰 서는 것이 아니라, 경계를 인식하고 그 경계를 넘어설 것인지를 선택하는 순간에 선다는 의미이다. 이 총서는 바로 그 문턱, 곧 '경계' 위에 선 우리 모두에게 묻는다. 우리가 이 문턱을 넘는다면, 그것은 단절이 아니라 연결이고, 포기가 아니라 연대이며, 추락이 아니라 회복이라는 가능성을 향한 실천이 될 것이다. 이는 본 연구의 핵심 개념인 '경계'의 정신과도 깊이 맞닿아 있다. 우리는 이 문턱에서 멈출 것인가, 아니면 함께 넘을 것인가.

끝으로, 6년 동안 본 연구를 지원해준 한국연구재단에 깊이 감사드린다. 함께 이 길을 걸어온 연구자들과 집필진, 실무진, 그리고 묵묵히 곁을 지켜준 이들에게 존경과 감사를 전한다. 이 책은 종착지가 아니라, 우리가 함께 지속할 여정의 시작이다.

> 프롤로그

위기의 현장, 지속가능한 미래로 가는 길

가톨릭대학교 학부대학 교수
방담이

지구 생태계는 지금 중대한 전환의 문턱에 서 있다. 온실가스 농도의 지속적 증가, 이상기후로 인한 기후재난의 빈발, 생물다양성의 급감과 생태계 파괴는 더 이상 국지적인 현상이 아닌 전 지구적 문제이다. 이 책은 이러한 위기를 현장 기록이라는 방법으로 다룬다. 수치와 모델링으로 제시되는 과학적 경고를 넘어서, '지금, 여기'에서 벌어지는 실질적인 현장을 추적한다. 특히 구체적인 사건과 현상을 신문과 잡지 형태로 보도함으로써 위기의 현실성을 강조했다. 총 7개의 장으로 구성된 이 책은 생태계 위기의 다양한 국면을 실증적으로 서술함으로써 문제의식을 고취하고, 해결을 위한 공감대를 조성하고자 했다.

1장은 오마이뉴스 김병기 기자가 기획한 가상의 신문 『The Climate Movement』에 수록된 기사 형식으로, 기후위기에 대한 문제의식을 다층적으로 드러낸다. 녹조와 멸종의 현장을 밀착 취재하고, 기후위기 최전선에서 활동하는 세계 청소년들의 움직임을 조명하는 한편, 위기의 현장 속에서도 희망의 가능성을 모색한다. 또한 17년에 걸친 기후 취재 경험을 바탕으로 한 취재 후기를 통해 기자 개인의 관점에서 기후위기를 기록하는 의미를 성찰한다.

2장은 동아사이언스 문세영 기자가 『EcoEnergy Review』라는 기후위기 탐지·대체에너지 전망 신문 형식으로 구성했다. 기후재난의 현장을 직접 취재하는 동시에 코알라, 목련, 뱅골호랑이 등과의 가상 인터뷰를 통해 이 위기를 인간 중심이 아닌 다양한 생명체의 관점에서 조망한다. 이를 통해 기후위기로 인한 물리적·생태적 충격을 감각적으로 전달하며, 생명 공동체로서의 지구에 대한 새로운 통찰을 제시한다.

3장은 극지 바다를 항해하며 남극 생태계를 가장 가까운 거리에서 목격해온 그린피스 김연식 선장의 이야기이다. 그는 『Penguin('s) News』라는 3천만 펭귄의 정론지를 가정하고, 펭귄을 의인화하여 기미니펭귄, 황제펭귄, 꾸꾸펭귄 등의 서식지 갈등과 생존 이야기를 그들의 시선에서 전한다. 더불어 펭귄 대표단의 UN 연설을 보도하고, 펭귄 어르신과의 인터뷰를 싣는 등 펭귄이 스스로 목소리를 낼 수 있다고 상상함으로써 기후위기를 인간이 아닌 다른 생명체의 관점에서 성찰하도록 유도한다.

『Aqua Chronicle』이라는 해양 생태 전문 잡지 형식으로 구성된 4장에서, 경향신문 김기범 기자는 인간이 초래한 오염과 개발이 해양 생물종을 어떻게 멸종위기로 몰아넣고 있는지를 심층 취재한다. 바다거북 부검 현장을 시작으로, 플라스틱 쓰레기로 가득 찬 참고래의 위장 등 다양한 사례를 통해 해양 생태계가 회복 불가능한 경계에 도달했음을 날카롭게 고발하고, 생태적 전환과 실천적 행동의 시급성을 강하게 호소한다.

5장은 『Roots & Branches』라는 생태 인문 잡지 형식으로 구성되어 있으며, 나무의 삶과 숲의 이야기를 중심에 둔다. 한겨레21 김양진 기자는 지리산 가문비나무 숲의 절멸위기를 출발점으로, 인간의 탐욕과 이기심이 불러온 산림 생태계의 붕괴를 경고한다. 숲을 자원과 용도의 대상으로만 인식하는 관점을 넘어, 생명과 생명이 맺는 관계로서 재정의할 필요가 있음을 강조하며, 숲과의 새로운 관계 맺기를 위한 인식의 전환을 촉구한다.

6장은 생태계 보전의 최전선을 다루는 통합 전문지 『Conservation Frontiers』 형식으로 구성되어 있다. 국립수목원 임업연구사 정성희는 이 장에서 생태계 보전과 복원을 핵심 과제로 삼고, 육상생태계 보호를 위한 역사적 전개, 현재의 정책적 과제, 그리고 지속가능한 미래를 위한 전략을 함께 제시한다. 지역과 국가 차원의 다양한 보전 노력은 물론, 국제 협력 기관들의 활동도 함께 소개하며 생물다양성 회복을 위한 다층적이고 통합적인 접근의 중요성을 강조한다.

마지막 7장은 한국일보 고은경 기자의 보도로 구성되며, 야생동물의 삶을 조명하는 『Pawprint Journal』이라는 잡지 형식을 취하고 있다. 이 장에서는 인간의 활동으로 터전을 잃은 야생생물들과 인간 중심의 시각에 의해 유해야생동물로 규정된 동물들의 현실을 조명한다. 진정한 공존을 위해 인간 중심의 시각에서 벗어나 생태 중심의 관점으로 전환할 필요성을 강하게 강조한다.

이 책은 오늘날의 기후·생태위기를 단순한 경고나 추상적 개념이 아닌, 구체적인 기록과 현장의 목소리로 전달하고자 했다. 독자들이 이 책을 통해 위기의 실체를 직면하고, 그것이 우리 모두의 문제임을 인식하며, 일상과 사회에서 실천 가능한 변화를 상상하고 실현해나갈 수 있기를 바란다.

차 례

머리말: 지속의 문턱에서 _ 3
프롤로그: 위기의 현장, 지속가능한 미래로 가는 길 _ 4

NEWSPAPER

Vol.1　The Climate Movement | 김병기 오마이뉴스 기자
환경 현장과 이론이 만나는 전문지… 9

[르포] 강물은 길을 잃지 않는다 … 4대강사업 13년의 기록 _ 10
[칼럼] 세계의 청소년들, 기후위기 최전선에 서다 _ 17
[인터뷰] "강물이 흐르듯 기후행진도 계속될 것" _ 25
[취재후기] 기후위기의 강을 건너는 법 _ 31

Vol.2　EcoEnergy Review | 문세영 동아사이언스 기자
기후위기 탐지·대체에너지 전망 보도 전문지… 35

[취재후기] 과학 기자, 신음하는 지구와 마주하다! _ 36
[르포] '삐용삐용' 고장 난 지구가 보내는 시그널 _ 42
[가상 인터뷰] 생존의 초시계 '째깍', 우리 살아남을 수 있을까! _ 50
[르포] 화석연료 종식을 위한 대체수단, 그리고 걸림돌 _ 58

Vol.3　Penguin('s) News | 김연식 작가/전 그린피스 국제본부 활동가/선장
3천만 펭귄의 정론지… 67

[속보] 기미니펭귄, 결국 이주를 택하다! _ 68
[이슈] 꾹꾸펭귄, 기후변화의 그림자 아래 생존을 외치다! _ 73
[분석] 크릴 어선에 수탈된 우리의 미래 _ 75
[국제] 펭귄 대표단, UN정상회의서 호소 _ 78
[대담] 남극 지킴이 35년 펭귄 어르신이 전하는 협력과 보호의 메시지 _ 80
[기고] 남극의 경이와 위기 _ 85

MAGAZINE

Vol.4 Aqua Chronicle | 김기범 경향신문 기자
바다의 생명, 위기, 회복을 기록하는 해양 생태 전문지… 93

해양 생태계와 대멸종, 인류세 _ 94
기후변화와 임계점, 그리고 바다 _ 103
강과 바다, 갯벌의 비명 _ 110
해양 생태계의 회복탄력성과 인류의 노력, 기후적응 _ 118

Vol.5 Roots & Branches | 김양진 한겨레21 기자
뿌리에서 가지까지, 나무의 삶과 이야기를 담는 생태 인문 저널… 129

기후변화 때문이라는 일방적인 변명 _ 130
아낌없이 주는 나무는 없다 _ 142
나무라는 비빌 언덕 _ 150
나무 편에 선 사람들 _ 158

Vol.6 Conservation Frontiers | 정성희 국립수목원 임업연구사
생태계 보전의 최전선을 다루는 통합 전문지… 167

육상생태계 보전의 역사와 현황, 그리고 미래를 위한 실천법까지_ 168
[보전 노력: ① 보호지역] 광릉숲 550년, 숲지기와의 만남 _ 177
[보전 노력: ② 복원] 무너진 지렁이 집 수리와 관련하여 _ 185
세계 보전 현황 _ 191

Vol.7 Pawprint Journal | 고은경 한국일보 기자
야생동물 이야기를 전하는 전문 콘텐츠… 199

멸종위기종이라며… 우리는 제대로 보호하고 있나 _ 200
개발에 밀려 서식지를 잃어가는 야생동물들 _ 207
유해야생동물이면 함부로 죽여도 되나 _ 212
야생생물 밀거래와 백색목록제도의 도입 _ 220
[칼럼] 인간과 동물의 공존을 위해서는 _ 224

NewsPaper Vol.01

The Climate Movement

환경 현장과 이론이 만나는 전문지

르포
강물은 길을 잃지 않는다…
4대강사업 13년의 기록

칼럼
세계의 청소년들,
기후위기 최전선에 서다

인터뷰
"강물이 흐르듯
 기후행진도 계속될 것"

취재후기
기후위기의 강을
건너는 법

김병기 오마이뉴스 기자

한국 사회의 환경 현장을 깊이 있게 취재해온 르포 저널리스트로, 생명의 시선에서 기후위기와 생태정의를 고발해왔다. 『The Climate Movement』는 그가 만들고자 한 가상의 신문이자, 강과 지구를 잇는 생명의 기록지로, 4대강사업 이후 죽어간 금강과 세종보의 생태를 복원하는 13년의 시간을 담고 있다. 녹조와 멸종의 현장을 취재하는 동시에, 그레타 툰베리를 시작으로 전 세계 거리로 나선 청년들의 외침에 귀를 기울인다.

The Climate Movement

발행인_김병기

환경 현장과 이론이 만나는 전문지

르포 강물은 길을 잃지 않는다 … 4대강사업 13년의 기록

부고장을 보는 순간 소름이 돋았다. 망자 이름으로 개설된 단톡방이었다. 조만간 또 만나자면서 헤어졌는데, 두 달 만인 2024년 7월 17일 그는 세상을 떴다. 원인은 간암과 간경화였다. 간에 치명적인 녹조의 독 '마이크로시스틴'. 청산가리의 6천 배에 달한다는 이 독과는 무관한 죽음일까? 갈수록 더워지는 지구, 보에 막혀 짙어져갔던 금강의 녹조와는 상관이 없을까?

망자의 증언: 재첩 살던 강에서 "피부 발진, 고름 … 구토"

거긴 악취 풍기는 늪이었다. 2016년 9월, 세종보 상류 300여 m 우안에 있는 마리나선착장을 처음 찾아갔을 때 목격한 을씨년스러운 풍경이다. 금강 자전거길에서 강변으로 30여 m를 내려가니 10개의 파란색 기둥을 세운 선착장이 나타났다. 고 김영준 씨가 7년여 동안 운영했던 사업장이다.

군데군데 떨어져나간 나무 바닥에는 보트 6대를 접안시킬 홈이 나 있었다. 하지만 시커먼 펄로 가득 차서 접안이 불가능했다. 간혹 물이 한 뼘쯤 고인 곳에선 공기방울이 치솟았다. 혐기성 물

2024년 9월, 녹조 가득한 금강 강경포구에서 물놀이하는 모습 ⓒ 김병기 기자

2024년 여름 낙동강 녹조 ⓒ 정수근

질이 썩으면서 내뿜는 메탄가스였다. 동행했던 오마이뉴스 김종술 시민기자가 펄의 깊이를 가늠하려고 가슴장화를 신고 뛰어들었다. 순식간에 가슴께까지 빠졌다.

맨손으로 펄을 서너 줌 퍼서 선착장 바닥에 올려놓고 뒤적였다. 붉은색 실과 약간 굵은 털실 같은 게 엉겨붙어 꿈틀댔다. 산소 제로 지대에 사는 실지렁이와 붉은깔따구였다. 환경부가 지정한 최악 수질인 4급수 지표종이다. 세종보로 물길이 막히자 하류로 쓸려 내려가지 못한 미세입자들이 강바닥에 쌓여 썩었다.

해를 거듭할수록 펄은 더 차올랐다. 한 삽 뜨면 3~4마리였던 실지렁이와 붉은깔따구가 20~30마리로 늘었다. 심지어 한겨울, 꽁꽁 얼어붙은 펄을 파면 붉은 것들이 꿈틀댔다. 사망한 김 씨는 매일 이런 곳에서 강의 죽음을 온몸으로 느꼈던 산증인이었다. 하지만 처음부터 이랬던 건 아니었다.

"세종보가 건설되기 전인 2009년부터 선착장을 운영했어요. 물이 맑아서 재첩이 많았고, 쏘가리와 장어도 흔했죠. 드넓은 모래사장 주변에 200~300명씩 무리 지어 노는 모습도 흔하게 볼 수 있었어요. 당시 1억 2천만 원을 주고 산 보트 1척과 8천만 원 상당의 보트 2척 등 총 3척을 운용했는데, 하루에 30명씩 주말이면 50~70명씩 왔다 갔다 했죠."

투자를 결행한 이유가 있었다. 이곳이 전국체전에서 금메달리스트를 배출한 수상스키 '성지'로 알려지면서 부쩍 발길이 늘었다. 또 지역 경제가 살아난다는 구호와 함께 지상 낙원처럼 그려졌던 4대강사업의 장밋빛 청사진을 보며 가슴이 부풀었다. 김 씨는 2012년 4대강 16개 보 중 맨 처음 완공된 세종보 상류에서 첫 사업권을 따내 사업을 이어갔지만, 결과는 참담했다.

"세종보가 건설된(2011년 9월) 뒤 금강 좌안 선착장에서 2년 정도 사업을 했습니다. 처음엔 수심이 1.5m 정도여서 배를 띄우는 데 무리가 없었는데, 이곳에서 나올 때는 펄이 쌓여서 수심이 50cm 정도였습니다. 펄 속에는 실지렁이가 바글거렸죠. 결국 우안 선착장으로 와서 2년 정도 사업을 더 했습니다. 그런데 거기도 마찬가지였어요."

그는 "수상스키 선수들이 수트를 입었는데도 물에 닿으면 피부에 발진이 생기고 고름이 흘렀다"면서 "강바닥 펄에선 붉은 벌레들이 바글바글했고, 녹조라테가 말도 못하게 심했는데, 선수들이 물 위에서 넘어져 간혹 물을 먹으면 그때마다 구토했다"고 증언했다. 결국 "사업을 접고 술을 자주 먹으며 울분을 달랬다"고 망자의 부인은 전했다.

죽은 강 6년: 물고기 떼죽음, 녹조, 큰빗이끼벌레, 실지렁이 … 강은 죽었다

지구온난화가 가속화되는 상황에서 4대강사업으로 강을 막은 건 치명적이었다. 금강에는 세종보, 공주보, 백제보 등 3개 보가 들어섰다. 사업이 완공된 해인 2012년 10월, 충남 부여군 백제보 인근에 물고기 사체가 무더기로 떠올랐다. 금강유역환경청은 부여군, 소방서, 수자원공사, 청양군 등에서 인력 및 장비를 총동원해 사체 수거에 나섰지만 턱없이 부족했다.

구더기가 들끓고 악취가 진동했다. 충남 부여 왕진교부터 석성면까지 20km

2024년 여름 낙동강 녹조 ⓒ 정수근

금강에서 발견된 붉은깔따구 유충 ⓒ 김종술

구간에 수십만 마리의 물고기가 죽었다. 사체를 담은 마대자루가 강변에 수북하게 쌓였다. 청소차량이 수시로 들락거렸고, 도로에도 썩은 물이 흥건했다. 물고기 떼죽음 7일째 되던 날엔 40kg이나 되는 136cm 초대형 '씨메기'도 죽었다. 이때 언론은 "금강에 물고기 씨가 말랐다"고 썼다.

보름 동안의 물고기 생지옥은 끝이 아니었다. 녹조의 원인은 햇빛, 수온, 유속, 영양염류다. 햇빛과 수온은 자연조건이고, 유속과 영양염류는 인공적 조절이 가능하다. 4대강사업 때 금강에 총인처리시설을 설치해 영양염류인 T-P의 농도는 절반 이상 줄었다. 하지만 그 이듬해부터 녹조가 강물을 뒤덮기 시작했다. '비단강'으로 불린 금강은 녹색으로 질식해갔다.

충남연구원 조사에 따르면, '조류 발생 관심 이상 발령 일수'는 2012년과 2013년 각각 44일과 48일, 2014년에는 64일로 늘었다. 2015년에는 127일, 겨울을 빼고 1년 내내 녹조가 관찰된 것이다. 2016년에는 81일로 줄었지만, 2017년에는 119일로 늘었다. 보에 의해 유속이 떨어지니 정체 수역의 수온이 올랐고, 영양염류가 보에 막혀 바닥에 쌓이면서 생긴 현상이다. 보는 녹조가 창궐하기에 적합한 조건을 마련해줬다.

"이끼벌레가 집단 서식하다가 한순간에 사라져 수질이 4급수로 떨어졌다고 보면 됩니다."

실제로 그해, 금강 지류인 유구천 등에서 큰빗이끼벌레들이 서식하는 게 확인됐다. 상대적으로 수질이 좋은 상류로 이주한 것이다. '녹조라테', '녹조곤

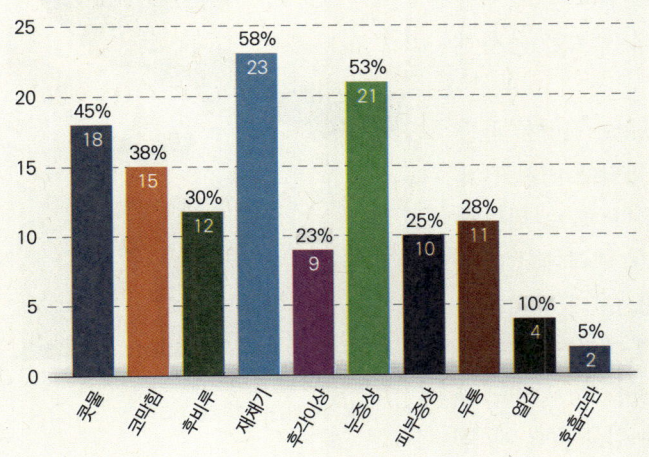

비강 내 녹조 독소
(마이크로시스틴)
검출자 증상

총 응답자 40명, 낙동강네트워크·환경운동연합 등 환경단체, 2024년 8~9월 녹조시료 분석 결과. 2월 3일 발표

ⓒ낙동강네트워크 참고하여 재작성

죽'이라는 말이 나올 정도로 금강은 더 걸쭉해졌다. 이는 금강이 남세균(녹조)으로 불리는 녹색 박테리아로 가득 찼다는 걸 의미했다. 남세균이 내뿜는 독성 물질인 마이크로시스틴은 지구상에 존재하는 최대 독인 다이옥신 다음으로 강력한 독이다. 심한 것은 청산가리의 6천 배에 달한다.

녹조가 점령한 강에 4급수 지표종인 실지렁이와 붉은깔따구가 창궐하기 시작한 건 2016년부터였다. 물 위엔 녹조가 가득했고, 강바닥에 쌓인 펄 속에선 4급수 지표종들이 들끓었다. 그럼에도 일부 정치인과 언론은 4대강 수질이 좋아졌다고 주장했지만, 보에 막혀서 썩어가는 금강은 진실을 말했다.

산 강 6년: 새끼 재첩과 흰목물떼새 알 … 금강의 눈부신 귀환

2018년 6월, 세종보에서 만난 새끼 재첩과 흰목물떼새 알을 아직도 잊을 수 없다. 수문이 열린 강의 변화는 역동적이었다. 2017년 11월, 금강 3개 보의 수문이 열리기 시작한 뒤 8개월이 지난 시점이었다. 이명박·박근혜 정권 내내 6년 동안 굳게 닫혔던 보의 수문을 개방한 것은 그간의 생태계 악화와 보 개방 효과 등을 모니터링하기 위한 문재인 정부의 조치였다.

투명카약을 타고 세종보 직하류 하중도로 들어갔다. 카약 바닥에 비친 강바닥의 상태부터 달라졌다. 펄로 뒤덮였던 곳에 모래가 쌓였다. 카약에서 내려 손으로 모래를 20~30cm 파 내려가니 펄이 드러났다. 강물에 쓸려간 펄도 있었지만, 미처 씻기지 못한 펄 위에도 모래가 쌓였다. 펄조개는 입을 벌린 채 죽

김종술 시민기자가 2018년 세종보 수문을 전면 개방하던 해에 직하류에서 발견한 재첩을 들고 있다.
ⓒ 김병기 기자

어 있었다. 살 곳을 잃은 붉은깔따구가 강물에 쓸려갔다. 수문개방으로 강의 환경이 급변하면서 나타나는 생태계 교란의 징표였다.

그때 김종술 기자가 소리쳤다.

"재첩이다!"

새끼손톱만 했다. 그해 막 자라기 시작한 개체였다. 주변의 모래를 계속 파헤쳤다. 5~6 개체가 더 나왔다. 썩은 내 풍기는 펄 속에 실지렁이와 붉은깔따구가 득시글했던 곳이었다. 물고기 떼죽음, 큰빗이끼벌레, 녹조…. 죽어가는 강을 취재하면서 애를 태웠던 6년 묵은 체증이 확 내려가는 듯했다. 모래 속에 박혀있던 새끼 재첩은 금강의 귀환을 알리는 전령이었다.

곧바로 마리나선착장으로 갔다. 펄이 1m 이상 깊이로 쌓였던 곳이다. 수문개방으로 수위가 내려가면서 선착장 바닥은 아래쪽으로 주저앉아서 깊게 파여 있었다. 펄이 씻긴 자리에 자갈과 모래가 쌓였다. 바닥을 살피며 걷다가 발견한 둥지 하나. 4개의 알이 햇살에 빛나고 있었다. 멸종위기종 2급인 흰목물떼새 알이었다.

수문만 개방했을 뿐이다. 충남연구원이 조사한 '조류 발생 관심 이상 발령 일수'는 한 해 전인 2017년에 비해 절반 수준인 59일로 격감했다. 2019년부터는 아예 '0일'이었다. 유속의 변화 때문

이었다. 2021년 국가물관리위원회가 발표한 모니터링 자료에 따르면 세종보 권역의 체류 시간은 80% 감소했고, 유속은 82% 증가했다.

기온은 계속 치솟았지만, 강물이 흐르자 생태계가 좋아졌다. 2018년 환경부가 발표한 '4대강 보 개방 1년 중간 결과 및 향후 계획'에 따르면, 1년간 수질·수생태계 등 11개 분야를 모니터링한 결과, 물 흐름이 회복되어 조류 농도가 감소하고 모래톱이 회복되면서 동식물 서식환경도 개선됐다. 강이 회복됐다는 내용의 환경부 모니터링 발표는 그 뒤에도 이어졌다.

결국, 국가물관리위원회도 2021년 1월 18일, "완전개방 보를 중심으로 물 흐름 개선, 녹조 감소, 멸종위기 야생생물 재출현, 수생태 건강성 향상 등 자연성 회복을 확인했다"는 모니터링 자료를 공개하면서 '금강·영산강 보 처리 방안'을 심의·의결했다. 금강의 세종보와 영산강의 죽산보 해체, 공주보의 부분 해체, 백제보·승촌보는 상시 개방한다는 내용이었다.

이 같은 국가물관리위원회의 결정은 민간 전문가 43명의 검토와 외부 전문가 합동회의, 수계별 연구진 회의 등 3년 6개월에 걸쳐 총 40여 차례의 다각적인 분석과 평가 결과였다. 당시에도 보수 정치권은 "멀쩡한 보를 왜 해체하

금강 수계 세종보 수문 완전개방 전후 전경(4대강 보 개방 모니터링 종합분석 보고서, 2017.6~2021.12)

관리수위(2017.6.20), EL.11.80m   완전개방(2018.10.24), EL.8.60m

완전개방(2019.8.20), EL.8.60m   완전개방(2021.7.22), EL.8.40m

ⓒ 환경부

느냐"고 반발했지만, 보를 존치하는 것보다 해체하는 게 더 경제적이라는 과학적인 평가에 따른 결정이었다.

가령, 세종보 해체 비용은 114억 6,700만 원이었다. 해체에 따른 물 이용 대책 비용은 86억 800만 원, 보의 경제성 수명인 2023년부터 2062년까지 40년간 소수력 발전을 운영할 수 없어 발생하는 손실 비용은 131억 원이다. 하지만 수질과 수생태 개선 비용으로 867억 원의 이득이 생기고, 유지관리비 83억 원을 절감할 수 있다.

2062년까지 세종보 해체에 따른 비용은 친수 효과와 홍수조절 편익 등을 포함해서 총 331억 원인데, 편익 비용은 972억 원이다. 결국 환경부의 4대강조사평가기획위원회는 세종보 해체 시 B/C 값은 2.92로 100원을 투입하면 292원의 이윤이 발생한다는 분석 결과를 내놨다.

하지만 4년여에 걸쳐 결정한 금강·영산강 보 처리 방안과 그간에 축적된 과학적 데이터들은 윤석열 정부가 들어서면서 휴지 조각이 됐다. 단 15일 만의 결정이었다. 2022년 7월 20일, 감사원이 4대강사업 감사 결과를 내놓자, 그날 환경부는 (문재인 정부 때의) 보 처리 방안 재심의를 2기 국가물관리위원회에 건의했고, 위원회는 그해 8월 4일 보 처리 방안의 취소를 의결했다.

그 후 환경부는 4대강 16개 보 중 6년 동안 유일하게 열려있는 세종보의 수

최되는 국제회의로, 각국이 모여 기후변화에 대한 대응 정책을 논의하고 있다.

2010년대에 들어서면서 정부 차원을 넘어 시민사회와 기업으로까지 확대되는 기후운동의 비약적인 성장이 이어졌다. 특히 2015년 파리기후협정(Paris Agreement) 체결은 기후운동의 중대 전환점이었다. 이 협정에서는 지구 평균기온 상승을 산업화 이전 대비 1.5~2℃ 이내로 제한하는 목표를 설정했으며, 모든 국가가 자발적으로 기여하도록 했다. 청소년 기후운동이 급부상한 건 이때부터였다. 2019년 9월 스웨덴의 열여섯 살 여학생 그레타 툰베리는 유엔 회의장에서 기후위기에 대한 연설을 통해 세계 지도자들을 향해 다음과 같이 엄중히 경고했다.[1)]

"여러분은 우리 기대를 저버리고 있습니다. 그러나 이제 우리 청소년은 여러분이 우리 기대를 저버리고 있다는 것을 깨닫기 시작했습니다. 미래 세대 모두가 여러분을 주시하고 있습니다. 우리의 기대를 저버리는 길을 선택한다면 우리는 결코 여러분을 용서하지 않을 것입니다."

그레타의 연설은 당시 세계 지도자들의 적극적인 행동 변화를 이끌어내지 못했지만, 언론들은 이를 앞다퉈 전 세계에 타전했고, 많은 이들에게 큰 감흥을 불러일으켰다. 특히 청소년들에게는 더 절박한 울림을 줬다. 온난화로 지구가 여섯 번째 생물 대멸종 시대에 진입했다는 과학자들의 경고음이 미래 세대를 이어갈 청년들에게는 예사롭게 들리지 않았다.

그레타는 2018년 8월부터 기후행동에 돌입했다. 그녀는 학교에 가지 않고 '기후를 위한 등교 거부'라고 적은 팻말을 들고 스웨덴 의사당 앞에 앉아 매주 금요일 나홀로 시위를 이어갔다. 이 시위는 '미래를 위한 금요일(Fridays for Future, FFF)' 운동으로 이어졌고, 그레타는 곳곳에서 열리는 기후 집회의 연사로 나서다가 유엔기후회의와 유럽연합, 영국 의회 등에서도 연설했다.

2019년 3월에는 전 세계 청소년들이 사상 최초로 동시다발 기후 시위를 벌였다. 125개국에서 2,100건의 청소년 등교 거부 시위가 이어졌고, 150만 명이 넘는 청소년이 참여한 것으로 알려졌다. 남아프리카공화국 케이프타운에서는 정치권을 향해 지구온난화를 부추기는 새로운 화석연료사업 불허를 외쳤고, 태평양의 섬나라 바누아투에서는 "목소리를 높여라! 해수면 상승은 싫다!", 인도 델리에서는 "감히 우리 미래를 돈과 바꾸다니!"라는 구호가 터져 나왔다.

청소년들의 기후행동은 거리 시위

세계 기후정의 운동 ⓒ Yelena, Pexels

에만 머물지 않았다. 2019년 9월, 8~17세 사이의 기후활동가 16명은 '유엔아동권리협약'이라는 국제조약을 근거로 유엔에 항의서를 제출했다. 항의의 근거로 삼은 협약에는 "모든 아동(18세 미만의 어린이와 청소년)에게는 '생명권'이 있고 정부가 아동의 생존과 발전을 최대한 보장해야 한다"고 담고 있다. 하지만 5개 나라의 정부가 이에 대한 충분한 조치를 취하지 않고 있다는 게 이들이 낸 항의서의 골자였다.

그레타가 이끈 '미래를 위한 금요일'은 대표적인 청소년 주도 운동으로 자리매김했다. 또 미국을 기반으로 한 청년 기후운동단체인 Sunrise Movement는 기후변화 대응을 위한 정치적 행동을 중시하면서 '그린 뉴딜(Green New Deal)'을 지지하며 미 의회 점거 시위를 벌이기도 했다. Extinction Rebellion Youth(XRY)는 영국에서 시작된 청소년 환경운동단체로 비폭력 시민 불복종을 통해 기후위기에 대한 정부 대응을 촉구하고 있다. 또 서구 중심의 기후운동을 넘어 개발도상국에서도 활발한 활동이 이어지고 있다. 필리핀, 인도, 우간다, 브라질 등에서 청소년 환경운동가들이 각자의 지역적 특성을 반영한 기후운동을 전개하고 있다.

2005년에는 미국 대학생들이 중심이 된 'Energy Action Coalition'(현재의 Power Shift Network)이 설립됐다. 이들은 기후변화 대응을 촉구하면서 화석연료 사용을 줄이고 재생 가능 에너지 확대를 목표로 하는 캠페인을 진행했다. 2007년에는 COP13(발리 회의)에서 전 세계 청년들이 모여 'International Youth Climate Movement(IYCM)'를 출범시켰다. 이후 이들은 매년 열리는 COP 회의에서 청년들의 목소리를 전달하는 역할을 수행하고 있다.

2010년대는 청년 기후운동의 확산과 조직화의 시기였다. 2010년 미국에서 시작되어 캐나다, 유럽, 호주, 아시아 등으로 확대된 'Power Shift Movement'는 수천 명의 청년이 한자리에 모여 기후변화 해결을 위한 행동 방안을 논의하는 대규모 콘퍼런스를 개최해왔다. 2011년에 창설된 'Arab Youth Climate Movement'는 COP18(2012년 카타르) 개최를 계기로 아랍권 국가 청년들이 연대하여 만든 기후운동 조직이다. 이는 중동·북아프리카(MENA) 지역에서 기후변화 대응을 위한 첫 번째 청년 주도 운동으로 평가받고 있다.

2014년 기후행진(People's Climate March)에는 청년들이 대규모로 참여했다. 그해 9월 뉴욕에서 열린 사상 최대 규모의 기후행진에는 40만 명이 참여했고, 이를 주도한 건 청년 및 대학생 단체였다. 이 행진은 기후변화 대응을 위한 유엔 정상회의(UN Climate Summit 2014)를 앞두고 조직됐고, 이후 여러 국가에서 개최됐다.

2018년 이후부터 글로벌 청년 기후운동의 대중화가 진행됐다. 앞서 언급한 '미래를 위한 금요일'은 2019년부터 전 세계로 확산되면서 매년 수백만 명의 학생이 기후파업에 동참하고 있다. 그해 3월에 열린 기후파업은 100여 개국에서 150만 명 이상의 학생이 참여했고, 유엔 기후행동 정상회의(UN Climate Action Summit)와 연계하여 그해 9월에 열린 기후파업에도 400만 명 이상의 청년이 거리로 나섰다.

기후를 위해 지금 행동해요! ⓒ Robin Erino, Pexels

청년 기후운동단체들이 주도하는 전 세계의 기후운동은 다양한 방식으로 기후위기에 맞서고 있다. 우선 이들은 정부의 기후 정책 수립과 탄소배출 감축 목표를 설정토록 촉구하는 정책 및 법적 대응 활동을 벌이고 있다. 2014년부터 활동을 시작한 기후변화청년단체 GEYK(Green Environment Youth Korea)는 청년들이 주축이 되어 탈탄소 에너지 전환 등을 목표로 활동하고 있다. 우리나라 청소년들이 2019년 조직한 청소년기후행동(Youth 4 Climate Action)은 2020년 정부의 불충분한 기후 대응이 청소년의 기본권을 침해한다는 요지의 기후 헌법소원을 제기한 바 있다.

또 화석연료 사용을 줄이고 태양광, 풍력 등의 친환경 에너지로의 전환을 이루기 위한 재생 가능 에너지 확대를 모색하는 곳은 국제청년기후운동(International Youth Climate Movement, IYCM)과 지구의 벗 청년 네트워크(Young Friends of the Earth Europe, YFoEE) 등이다. 국제청년기후운동은 전 세계 청년 조직들의 네트워크로, 2005년 캐나다 몬트리올에서 열린 제11차 유엔기후변화협약 당사국총회(COP11)에서 처음 개념화되었으며, 이후 여러 국가에서 청년기후연합이 결성되었다. 지구의 벗 청년 네트워크는 2007년 설립된 풀뿌리 네트워크인데, 국가 및 유럽 차원에서 청년들에게 영감을 불러일으키고 조직하며, 행동과 이벤트를 통해 대중과 정치권에 청년들의 목소리를 전달하고 있다.

이 밖에도 전 세계의 청년기후운동단체들은 거리 시위와 기후파업, 서명운동을 벌이면서 대중의 힘을 모으는 작업도 병행하고 있다. 또 이들은 대기업에 친환경 경영을 요구하고, ESG(Environmental, Social, and Governance) 경영 원칙을 강화하기 위한 기업의 사회적 책임을 촉구하는 활동도 하고 있다.

하지만 이러한 전 세계적 기후행동이 순탄한 것만은 아니다. 가장 큰 난관은 정치경제적 이해관계에서 빚어지고 있다. 일부 국가와 기업들이 단기적인 경제적 이익을 유지하기 위해 기후 정책 도입을 기피하거나 지연하는 일이 빈번하게 발생하고 있다. 또 탄소배출 감축 목표 설정에서 선진국과 개발도상국 간 책임 분배 문제로 인한 갈등으로 국제적인 협력이 교착상태에 빠져 있기도 하다. 이 밖에도 화석연료 중심의 경제 구조를 가진 국가들의 저항과 친환경 기술 개발 및 전환에 대한 높은 비용 부담, 석유와 석탄 산업에 대한 로비와 정책 반대 등으로 기후행동은 힘겨운 싸움을 이어가고 있다.

멕시코시티 시위 중 포옹하는 여성들 ⓒ Noemí Jiménez, Pexels

그럼에도 코로나19 팬데믹 이후 기후운동은 온라인 중심으로 전환되어 급속하게 확산하고 있다. '미래를 위한 금요일' 등 청년 주도의 운동은 SNS(트위터, 인스타그램, 유튜브 등)를 통해 빠르게 확산되고 있고, 해시태그(#ClimateStrike, #FridaysForFuture 등)를 이용한 국제적 연대도 강화되고 있다. 또 국경을 넘나들며 온라인 기후 회의도 개최되고 있다. 2020년 11월 말에 개최된 가상 기후 정상회의 'Mock COP26'에서는 141개국 350명의 청소년 대표단이 참석해 2주 동안 온라인 콘퍼런스를 열기도 했다.

청년 기후운동의 정치적 영향력도 확대되고 있다. 청년들이 직접 국가 또는 유엔, EU 등의 국제기구에 기후 정책을 촉구하는 공식 서한을 제출하고 있고, 2021년 독일 연방헌법재판소는 청년 기후 활동가들의 탄소 배출 감축 요구를 받아들여 정책 변경을 명령했다. 또 EU의 '유럽 그린 딜(European Green Deal)' 및 미국의 '그린 뉴딜(Green New Deal)' 논의에 청년 활동가들의 요구가 반영됐고, 2021년 COP26(글래스고)에서 청년 대표들이 주요 연설자로 참여하여 공식 정책 문서 작성 과정에 관여하기도 했다.

이제 청년 기후운동은 단순한 환경보호 캠페인을 넘어 기후정의, 정치적 책임, 제도 개혁을 요구하는 강력한 글로벌 운동으로 자리 잡았다. SNS와 디지털 기술을 적극 활용하여 기후행동을 조직하고 있으며, 향후에도 AI, 블록체인 등을 활용한 기후행동이 더욱 활성화될 것으로 보인다. 또 탄소 배출 추적 앱, 친환경 소비를 유도하는 플랫폼이 확대되고 메타버스 같은 가상공간에서 기후교육과 캠페인이 진행될 것이다.

국제 회의에서의 위상이 높아짐에 따라 청년들이 정치에 적극적으로 참여하여 기후 관련 법안과 정책 결정 과정에 영향을 미칠 것이다. 기후 관련 정당이나 로비 그룹이 청년층을 중심으로 더욱 강화될 것이다. 글로벌 기후행동 네트워크를 구축하고 있는 청년 기후운동은 SNS와 디지털 플랫폼을 활용한 캠페인을 통해 각국 정부와 기업을 압박하는 한편, 국제적인 청년 기후 정상회의 같은 협력의 장도 더욱 확대될 것으로 전망된다. 그래서 그레타 툰베리는 이렇게 말했다.

"우리는 희망이 아니라
행동을 원한다!"

INTERVIEW

"강물이 흐르듯 기후행진도 계속될 것"

박은영 기후위기대전시민행동 집행위원장
(대전충남녹색연합 사무처장)

"강은 흐르면서 넓은 모래톱을 형성하고 배후습지를 만들어 자연스럽게 녹지를 만들죠. 생물다양성도 높아집니다. 강을 막거나 강변에 인공적 구조물을 만들려고 파헤치지 말고 그냥 자연스럽게 흐르도록 두는 것이 탄소흡수원을 확대하는 일이고 기후위기에 대응하는 일입니다."

1년 가까이 상주하면서 세종보 천막농성장을 지키고 있는 박은영 기후위기대전시민행동 집행위원장(보철거를위한금강낙동강영산강시민행동 집행위원장)의 말이다. 박 위원장은 "기후위기에 대응하는 주요 탄소흡수원은 녹지, 강, 바다 등을 포함한다"면서 "이 때문에 화석연료 이용을 감축해 탄소배출을 줄이는 것과 동시에 탄소흡수원을 확대하는 것 또한 기후운동의 한 방향"이라고 정의했다.

박 위원장의 말을 대입하면 대부분 환경운동이 기후운동이기도 하다. 각종 환경파괴 행위는 탄소흡수원을 훼손하면서 이산화탄소를 대량 방출하는 행위다. 생물다양성 보존 운동뿐만 아니라 산림·물하천·습지·해양 보전운동은 탄소흡수원을 지키는 운동이다. 종 다양성을 확보하기 위한 동물권 보호운동은 생태계 보전을 전제로 한다. 지속가능한 도시 생활을 지향하면서 생태마을을 만드는 운동도 있다. 최근 들어 에너지 전환과 기후를 전면에 내건 환경단체들이 늘어나고 있는 것은 지구온난화가 이미 한계점을 넘어섰기 때문이다.

박 위원장은 "지구가 견딜 수 없는 탄소배출과 온실가스 증가는 세계 곳곳에서 일어나는 기상이변의 원인이 되었고, 이는 남반구와 북반구 간 삶의 불평등을 야기하고 있기 때문에 전 세계가 기후위기를 막기 위한 운동을 벌이고 있다"면서 "불평등 해결을 위한 기후정의의 목소리와 행동도 곳곳에서 커지고 있다"고 분석했다.

1960년 이후 우리나라의 누적 이산화탄소 배출량 비율이 전 세계 국가 배출량 중 1.3%로 세계 16위다. 배출량 상위 20위 국가가 전체 배출량의 81.2%를 차지하고 있고, 우리나라의 1인당 배출량도 비교적 높은 편에 속한다. 게다가 제품에 포함되는 온실가스를 수출하는 상황이므로 탄소배출을 줄여 전 세계 기후위기 대응에 발을 맞춰야 하는 상황이다.

금강 합강습지의 새벽 ⓒ 김병기 기자

금강과 미호강은 세종시 합강습지에서 만나서 한 몸으로 흘러 바다에 이른다. 이곳에 형성된 대규모의 자연습지는 수질을 정화하는 자연의 콩팥 역할을 하고, 홍수와 가뭄을 예방한다. 또 기후위기의 시대, 세종 도심의 열섬효과를 줄여주고 탄소를 저장하는 탱크이기도 하다.

이 같은 상황에 맞서고 있는 우리나라의 기후운동은 2019년 기후행진으로 본격화됐다. 박 위원장은 "기후위기비상행동은 2019년 9월, 전국에서 진행된 대규모 기후대중행동을 통해 결성됐는데, 모든 인류와 지구생태계를 위협하는 기후위기에 대한 한국 사회의 인식을 높이고, 근본적인 해결과 기후정의 실현을 위해 아래로부터의 다양한 행동을 실천하는 기후운동을 한다"고 밝혔다.

2019년 9월 20~27일 전 세계 185개국에서 760만 명이 참여한 사상 최대의 기후파업(climate strike)이 일어났고, 우리나라의 기후위기비상행동은 그해 9월 21일 전국 13개 도시에서 7,500명이 참여한 집회와 행진을 이끌었다. 그후 지속적인 기후운동을 위해 청소년, 환경, 인권, 노동, 농민, 종교, 여성, 동물권 등 각계각층의 시민사회운동단체와 개인으로 구성된 연대기구인 '기후위기비상행동'이 결성됐다.

기후위기비상행동은 현재 주요 환경단체를 비롯한 170여 개 단체와 개인들의 연대체다. 주요 활동은 탈화석연료, 재생에너지 확대, 기후불평등 해소 등이다. 이들은 매년 기후정의행진을 조직하면서 전력수급계획이나 탄소중립 기본계획 수립 등 주요 정부 환경정책에 대응해왔다. 또 선거 때는 기후 정책을 요구하고, '기후 후보' 선출 정치 캠페인도 진행해왔다.

박 위원장은 "지역별로 기후행동, 기후 정책 모니터링을 진행하면서 탄소중립 등 지자체 기후 정책의 변화를 이끌어내기도 했다"면서 "주요하게는 석탄화력발전 폐쇄와 전환을 위한 탈석탄법 제정 요구, 국가 온실가스 감축과 재생에너지 확대 정책 견인 등의 성과를 만들어가고 있다"고 전했다.

하지만 박 위원장은 "정치지형의 변화에 따라 탄소중립 정책이 답보하거나

후퇴하기도 했다"면서 "가령 문재인 정부에서는 탈핵과 탈석탄, 재생에너지 산업 활성화 등의 탄소중립 정책이 강화됐는데, 윤석열 정부 들어와서는 기존의 정책이 전면 후퇴해 환경단체들로부터 비판을 받았다"고 밝혔다.

우리나라 기후운동의 또 다른 축은 '2023년 9월에 출범한 체제전환을 위한 기후정의동맹'이다. 이는 87개 단체와 개인의 연대체다. 기후위기비상행동에 참가하는 단체는 환경운동단체들이 대부분인데, 기후정의동맹에는 '기후정의' 실현을 위해 노동, 여성, 인권 등도 대거 참여하고 있으며 자본주의 성장체제에 맞서 싸우는 사회적 권력 형성을 목표로 하고 있다.

기후정의동맹이 강조하는 것은 기후불평등과 기후부정의다. 가령 미국인 1인당 연평균 이산화탄소 배출량은 16.21톤인 데 비해 에티오피아는 0.14톤이다. 심지어 1988년부터 2015년까지 온실가스 배출의 71%를 25개 공공 및 민간기업과 그 자회사가 차지했다. 이는 산업혁명 초기인 1850년부터 1988년까지 인류가 배출한 온실가스와 맞먹는 양이다.

그렇다면 이런 기후위기 조장자들에게 오염자 부담 원칙을 적용하는 게 가능할까? 이미 유엔기후변화협약도 '공동의 차별화된 원칙'을 제시했는데, 모두 함께 기후위기에 대처하되 많이 배출한 나라가 차별적으로 많은 책임을 져야 한다는 데 공감대를 이뤘다.

박 위원장은 "기후정의동맹은 기후위기가 초래한 이 같은 사회적 불평등을 해결하고 자본주의 체제를 전환해야 한다는 주요한 메시지로 기후운동의 한 축을 차지하고 있다"고 설명했다.

기후운동이 활성화되면서 기존의 환경단체들도 기후운동에 본격적으로 뛰어들고 있다. 기후위기비상행동·기후정의동맹과 연대활동을 하면서 각 지역과

2023년 4월 14일 세종에서 열린 기후정의파업
ⓒ 김병기 기자

영역에서 기후 의제를 구현하기 위한 활동을 벌이고 있다.

2023년 사단법인 '세상과함께' 환경위원회가 700여 개의 환경단체를 대상으로 전국 환경현황에 대해 전수조사한 기초 자료에 따르면, 기후위기 대응이나 에너지 전환과 관련된 활동을 하는 단체는 17.43%였다. 조사 대상 중 302개 단체가 다른 활동과 함께 기후운동을 병행했다. 지속가능한 도시와 생활 26.08%, 자연환경보전 21.18%에 이은 활동량이다.

기후위기에 대응하는 방식도 다양하다. 각종 캠페인과 연구조사뿐만 아니라 기후활동가를 양성하고, 기후와 에너지 관련 법제도 개선운동을 벌이고 있다. 기후 관련 교육과 국제적 연대를 통해 기후위기 상황을 알리는 역할도 한다. 청년기후수호대를 운영하는 곳도 있으며, 심지어 환경 교육용 보드게임도 만들어 배포하는 곳도 있다. 이 밖에 기후정의학교, 각종 강연, 토론회, 공부모임 등을 조직해 기후위기를 알리고 있다.

탈핵과 탈탄소, 재생에너지 영역도 기후운동에 속한다. 특히 탈핵의 경우, '원전 최강국'을 기치로 내걸었던 윤석열 정부는 이전 정부의 탈핵 기조를 뒤집고 원전 가동을 기후위기의 대안인 양 호도하고 있다. 하지만 핵발전은 위험하고 폐기물 처리 방법도 없다. 또 핵발전소가 가동된다면 재생에너지에 쓰일

2023년 4월 14일 오후 전국에서 모인 환경단체 회원들과 시민이 정부세종청사 탄소중립녹색성장위원회 앞에서. "414 기후정의파업, 함께 살기 위해 멈춰!" ⓒ 김병기 기자

예산이 상대적으로 깎일 수밖에 없는 구조다.

따라서 탈핵전국공동행동 등은 민간 조사단을 구성해 노후 원전 수명연장 반대와 신규 핵폐기장 건설 반대를 위한 활동을 하고 있으며, 탈핵 교육 활동이나 지역과의 연대활동을 벌이고 있다. 탄소중립을 위한 탈탄소 운동도 각종 집회나 기자회견, 법제도 개선뿐만 아니라 저탄소 캠페인, 탈탄소 포럼, 조례제정운동, 도보행진 등 다양한 방식으로 진행되고 있다.

박 위원장은 "화석연료 위주로 이윤을 창출하는 기업들이 기후 대응에 소극적이며 '산업계'라는 이름으로 정부의 탄소저감 정책들의 발목을 잡는 것이 가장 큰 문제"라면서 "국가온실가스감축목표(NDC) 확대에도 성장이나 경제 논리를 앞세워 규모를 축소하고 있다"고 우려하기도 했다.

박 위원장은 "산업계뿐만 아니라 누가 정권을 잡느냐에 따라 기후 정책이 오락가락하고는 있지만, 기후위기로 인해 인류 대멸종 시대에 대한 경고음이 더 강해질 수밖에 없다"면서 "인류의 생존을 위해서라는 기후운동의 기치는 거역할 수 없는 대세로 자리를 잡을 것이고, 지금 눈앞에 있는 금강이 계속 흘러야 하듯이 우리의 기후행진도 계속될 것"이라고 강조했다.

취재 후기	

기후위기의 강을 건너는 법

4대강을 취재한 게 햇수로 17년째다. 다큐멘터리 영화 「삽질」(감독 김병기)은 2019년 문재인 정부 때 개봉했다. 그동안 막혔던 금강과 영산강의 수문이 활짝 열렸던 때였다. 더 이상 죽어가는 강을 취재하는 일은 없을 것이라고 생각했다.

하지만 세종보 천막농성장을 거의 전담하듯이 취재한 지 1년이 되어간다. 그간 정권이 세 번 바뀌었지만, 4대강사업 이후 강은 크게 변한 게 없다. 문재인 정권 때 잠시 4대강 16개 수문이 활짝 열릴 수 있을 것이라는 희망을 맛봤지만, 지지부진한 정책 결정으로 지금까지 오롯이 열려있는 곳은 세종보뿐이다.

세종보 농성 첫날인 2024년 4월 30일, 하중도 건너편에서 본 흰목물떼새 알은 대청호의 전격적인 수문 방류로 인해 쓸려내려갔다. 더 이상 이곳에서 흰목물떼새를 볼 수 없을 줄 알았다. 하지만 지금도 천막농성장에 가만히 앉아있으면 봄에 봤던 흰목물떼새의 지저귐이 곳곳에서 들려온다. 그때 살아남은 수많은 알이 부화에 성공했다는 뜻이다.

이렇듯 눈에 보이지 않아도 존재하는 수많

낙동강 삼강전망대에서 본 석양녘 풍경 ⓒ 김병기 기자
내성천과 금천, 낙동강이 만나는 지점에 있는 경북 예천의 삼강전망대에 오르면 물길이 휘돌아가면서 쌓아놓은 고운 모래톱을 만날 수 있다. 특히 모래는 자연의 필터다. 강물은 물속에서 모래 속을 자맥질하며 수질을 정화한다. 드넓게 펼쳐진 백사장은 야생동물들의 쉼터이자 산란터다. 사람들도 잠시 수려한 경관을 보며 쉬어가는 곳이기도 하다.

은 생명이 있다. 처음엔 눈으로만 보이는 게 전부인 줄 착각한다. 그런 경험이 허물어지고 쌓이면 귀로 보인다. 새들의 지저귐과 풀벌레들의 울음소리, 야생동물의 거친 숨소리까지… 그다음엔 냄새와 향기로 존재를 느낀다. 차를 타고 흘낏 바라보는 강과 강변, 습지 속을 걸으며 느끼는 강은 천양지차다.

가까이 다가가야 타자의 존재와 생명력을 상상할 수 있다. 그 생명의 존재를 알게 되면 '쓸모없는 강', '버려진 습지', '허연 배(모래톱)를 드러낸 흉측한 강' 등의 표현을 할 수 없다. 수만 년 동안 계절에 따라 환경에 적응하거나 응전하면서 터전을 일군 수많은 생명의 땅이기 때문이다. 그대로 놔두는 게 모든 생명을 위한 일이다.

기후위기의 시대다. 환경단체들뿐만 아니

라 각계각층에서 기후위기에 대한 경고음을 내고 있다. 세종보를 지키고 있는 농성자들의 활동과 금강의 변화를 기록하면서 이들과 깊은 연대감을 느낀다. 세종보에 물을 채우는 것을 막고, 궁극적으로는 4대강사업으로 사라진 습지를 하루빨리 복원하는 것이 우리 강을 살리고, 나아가 위기에 처한 기후도 살리는 길이다.

내성천 회룡포의 물안개 ⓒ 김병기 기자

경북 예천 용문면의 회룡포에 가면 용이 하늘로 올라가면서 휘감아도는 기이하고 아름다운 형상을 만날 수 있다. 지구별에 단 하나뿐이라는 모래강, 내성천이 흐르면서 만든 국가명승지의 풍경이다. 지금은 상류에 영주댐이 들어서서 모래 유입이 차단돼 훼손될 우려가 제기되는 곳이기도 하다.

참고자료

1) Klein, N., & Stefoff, R. (2022). 미래가 우리 손을 떠나기 전에: 나오미 클라인과 함께하는 기후 행동 (이순희 역.). 열린책들. (Original work published 2021)

NewsPaper | Vol.02

Eco Energy Review

기후위기 탐지·대체에너지 전망 보도 전문지

취재후기
과학 기자,
신음하는 지구와 마주하다!

르포
'삐용삐용' 고장 난 지구가
보내는 시그널

가상 인터뷰
생존의 초시계 '째깍',
우리 살아남을 수 있을까!

르포
화석연료 종식을 위한
대체수단, 그리고 걸림돌

문세영 동아사이언스 기자

기후위기의 현장을 몸으로 통과하며, 에너지 전환의 방향을 묻는 글쓰기를 이어온 과학 전문기자다. 『EcoEnergy Review』는 그가 꿈꾸는 가상의 잡지로, 화석연료 이후의 미래를 전망하고 기후위기 시대의 기술·윤리·정의를 종합적으로 다루는 언론을 지향한다. 도쿄의 태풍, 자카르타의 침수, 서울의 열대야를 취재하며, 기후위기는 더 이상 머나먼 위협이 아닌 바로 '지금-여기'의 현실임을 생생히 기록했다.

지속가능한 지구, 조용하지만 분명한 목소리

Eco Energy Review

발행인_문세영   기후위기 탐지·대체에너지 전망 보도 전문지

취재 후기   과학 기자, 신음하는 지구와 마주하다!

그날 교수 연구실은 열기로 후끈후끈했다. 땀이 줄줄 흐를 정도는 아니었지만, 이마와 인중에 송골송골 맺히는 땀방울이 느껴졌다. 이매뉴얼 체스멜리스 영국 옥스퍼드대 물리학과 교수는 나와의 인터뷰를 위해서인지 평소에도 그렇게 입는지는 모르겠으나 후더분한 연구실 환경과 맞지 않게 긴팔 정장을 갖춰 입고 있었다. 그의 관자놀이 부근에선 땀이 반짝거리며 흘러내린다.

아직 본격적인 무더위가 시작되지도 않은 2024년 6월 어느 날, '세상에서 가장 큰 실험실'이라고 불리는 스위스 제네바의 유럽핵입자물리연구소(CERN)에서 체스멜리스 교수와 인터뷰를 진행했다.

나는 제네바와 인근 프랑스의 작은 마을들을 오가며 CERN 소속 입자물리학자와 핵물리학자들을 만나 CERN 내부 시설을 살펴보고 진행 중인 가속기 및 검출기 연구들을 취재했다. 일주일간 그곳에 머물며 취재를 진행하는 동안 일관되게 떠오른 생각 중 하나는 세계적인 연구자들이 모인 이 공간이 생각보다 쾌적하지 않다는 점이었다. 다름 아닌 무

이매뉴얼 체스멜리스 영국 옥스퍼드대 물리학과 교수가 2024년 6월 스위스 제네바의 유럽핵입자물리연구소(CERN) 연구실에서 기자와 인터뷰를 하고 있다. ⓒ 문세영 기자

더운 실내 온도 탓이었다.

"아직 초여름인데도 이렇게 더운데, 한여름엔 에어컨 없는 환경에서 어떻게 연구자들이 일할 수 있는 거죠?"

취재 기간 나를 안내해줬던 CERN 언론 담당자인 아나이스 제러드에게 의아한 표정을 지으며 물었다.

"예전에는 이렇게 덥지 않았어요. 어렸을 때부터 이 지역에 살았는데 에어컨이 없어도 될 정도의 날씨였거든요. 그러니 연구실 환경도 그에 맞춰 조성된 거죠. 그런데 언젠가부터 기온이 달라졌어요. 이제는 여름마다 더위 때문에 고생하고 있어요."

제러드는 지금과 동일한 실내 환경 조건에서 예전에는 더위를 느끼지 않고 잘 지낼 수 있었다고 설명했다. 제네바의 초여름 한복판에서 나는 기후변화를 실감했다. 매년 기록을 경신하는 여름 무더위는 대한민국만의 문제가 아니었다. 한때 쾌적한 온도를 유지하던 제네바에선 저명한 연구자들이 무더위와 싸우며 연구하고 있었다. 나는 제네바와 프랑스의 작은 마을 프레베생, 생제니푸이, 세시 등의 푸릇하고 아름다운 풍경이 앞으로 어떻게 변할지 모른다는 생각에 주변 환경을 부지런히 눈 속에 담았다.

그러고 보니 최근 2~3년간 취재 차 갔던 곳에선 항상 날씨 관련 이슈가 있었다. 2023년 핵융합 취재 차 간 일본 도쿄에선 태풍의 영향으로 타려던 비행기가 취소될 뻔했고, 2022년 비대면 진료를 취재하러 갔던 인도네시아 자카르타에서는 취재원으로부터 자카르타가 물에 가라앉고 있다는 얘기를 들었다. 기후와 상관없는 주제로 취재하러 간 곳들이었지만, 정작 현지에서 나는 굽이치고 요

2024년 6월 스위스 제네바의 유럽핵입자물리연구소(CERN) 연구시설에서 연구원들이 무더운 날씨에도 방진복을 입고 일하고 있다. ⓒ 문세영 기자

동치는 지구의 변화를 크게 실감하고 있었다.

도쿄로 취재하러 갔을 땐 하네다공항에서 시내 호텔로 이동하는 동안 후드득 떨어지는 빗방울로 '이번 취재는 쉽지 않겠구나' 생각하며 첫날을 시작했다. 호텔에 짐을 풀고 우산 하나를 챙겨 숙소 밖으로 나오니 빗줄기가 제법 굵어진 상태였다. 서둘러 발길을 옮겼지만 두세 블록 정도 이동하고 나니 태풍의 간접 영향권에 접어들었음을 여실히 증명하듯 강한 비바람이 몰아쳤다. 더 이상 우산을 쓰는 의미가 없었다. 몇 블록 더 이동해 횡단보도를 건너려고 인도 아래로 발을 내렸을 땐 빗물이 발목까지 차올랐다. 빗물이 모여드는 집수구 주변 수위가 제법 높아진 것이다. 이때부턴 자포자기한 심정으로 온몸으로 비를 맞으며 취재를 다녔다.

지구온난화로 해수면 온도가 올라가면 바다에서 대기로 방출되는 수증기 양이 증가하면서 태풍의 세기가 강해질 수 있다. 기후위기로 인해 앞으로 더욱 강력한 태풍이 몰려올 것이란 우려감이 들었다. 물을 잔뜩 머금은 운동화와 축축해진 양말, 쭈글쭈글해진 발을 이끌고 취재를 다닌 그날, '앞으로 기후변화가 심화된다면 삶의 질이 얼마나 더 떨어질지' 염려됐다.

자카르타 취재를 갔을 땐 기대 이상으로 잘 갖춰진 인프라에 놀랐다. 저렴한 교통비 덕분에 택시 어플 그랩을 이용해 어디든 손쉽게 이동할 수 있었고, 사계절 무더운 도시지만 곳곳에 쇼핑몰이 많아 더위를 피할 장소가 많

았다.

2023년 기준 대한민국 1인당 국민소득이 3만 5,569.9달러(약 5,235만 원)인 반면, 같은 기간 인도네시아는 4,247.9달러(약 625만 원)에 불과했다. 개발도상국 지위에 머물러 있는 인도네시아 수도인 자카르타는 생각보다 도시 인프라를 잘 갖추고 있었지만, 정작 그곳에서 만난 현지인은 자카르타가 위기에 처했다고 말했다.

"말씀하신 것처럼 외부인이 볼 땐 자카르

타가 시원하게 쉴 수 있는 쇼핑몰도 많고 살 만한 곳처럼 보이겠죠. 그런데 자카르타는 침몰하고 있어요. 침수 때문에 불편을 느끼는 주민이 정말 많아요."

자카르타 시내의 한 쇼핑몰에서 함께 저녁 식사를 한 취재원은 자카르타가 살기 좋은 곳처럼 보여도 시민은 거주지에 물이 들어차는 고통을 반복적으로 경험하고 있으며, 지반 침하를 우려하는 생활을 하고 있다고 말했다.

자카르타는 세계에서 가장 빠른 속도로 침몰 중인 도시다. 이로 인해 인도네시아 수도로서의 지위 또한 잃을 위기에 놓였다. 인도네시아 정부는 매년 10cm가량 가라앉고 있는 자카르타 대신 보르네오섬에 위치한 누산타라로 수도를 이전하는 프로젝트를 추진 중이다.

자카르타가 가라앉는 대표적인 원인으론 지반 침식이 꼽힌다. 100만 명 미만의 인구를 수용하기 위해 건설된 도시에 1천만 명 넘는 인구가 거주하면서 부족한 생활용수를 충당

2023년 여름 일본 도쿄에서 갑작스러운 폭우로 시민이 우산을 쓰고 이동하고 있다. ⓒ 문세영 기자

인도네시아 자카르타에는 냉방 시설을 잘 갖춘 쇼핑몰들이 많다. 택시·오토바이 호출 앱 그랩의 직원인 초록색 의상의 오토바이 운전자도 쉽게 볼 수 있다. ⓒ 문세영 기자

하기 위해 많은 사람이 지하수를 사용하고 있는데, 이로 인해 지반 침하가 가속되고 있다.

기후변화도 영향을 미치고 있다. 자카르타는 잦은 홍수의 영향으로 물난리가 반복되고 있다. 홍수 빈도는 점점 잦아지는 추세다. 기후변화는 강우량 증가, 해수면 상승 등으로 이어지며 물이 급격하게 불어나는 원인이 된다. 자카르타는 과밀화 현상과 기후변화라는 이중고로 물벼락을 떠안게 된 것이다.

아이러니한 건 기후위기의 영향으로 가라앉을 위기에 놓인 자카르타 대신 수도 후보에 오른 누산타라의 도시화가 또 다른 환경파괴와 기후변화를 부르고 있다는 점이다. 도시 건설이 진행 중인 누산타라는 멸종위기종들이 사는 열대우림 지역이다. 도시를 건설하려면 벌목 작업을 피할 수 없고, 동식물 서식지는 줄어들 수밖에 없다. 이산화탄소를 흡수하는 나무들을 베어내게 되면 대기 중으로 온실가스 배출량이 늘어나면서 기후변화는 더욱 심각해지게 된다.

2024년 여름 대한민국의 열대야 일수는 관측 사상 최고치를 기록했다. 열대야가 발생한 날은 20.2일로 평년인 6.5일보다 무려 3배나 많았다. 서울은 34일 연속 열대야가 발생했고, 총 열대야 일수는 39일이었다. 사람들과 만날 때마다 기후변화가 심상치 않다는 얘기를 많이 했는데, 실은 최근 몇 년간 여러 나라에서 기후위기를 오롯이 실감하고 있

었다는 생각이 든다.

CERN에서 만난 제러드가 과거엔 이렇게 덥지 않았다고 했던 말을 떠올리며, 어렸을 때 여행 갔던 곳들의 날씨를 회상해본다. 맑은 하늘과 푸른 바다, 화창한 날씨로 한껏 들떴던 하와이, 시드니 등이 떠오른다. 그땐 요즘 습관처럼 말하는 "날씨 왜 이래?"라는 말 대신 "날씨 참 좋다"는 얘기를 했던 거 같다. 그리고 여기서 쭉 살아도 좋겠다는 생각도 했다.

최근 몇 년간 취재를 다니며 방문했던 곳에선 살고 싶다는 생각을 했던가? 잠깐잠깐 좋은 풍경을 일별할 땐 기분이 좋아지곤 했지만, 궁극적으론 에어컨이 시원하게 나오는 곳이 최고란 생각을 했던 거 같다. 안타깝게도 에어컨은 또 다른 기후파괴 원인이다. 에어컨은 전기를 많이 소비하는 데다 에어컨 냉매인 수소불화탄소는 온실가스 배출량을 증가시킨다. 기후위기가 더욱 심각해진다면 에어컨 사용 규제가 강화되고, 현재 누리고 있는 냉방 혜택마저 온전히 누리지 못하는 더 큰 위기가 찾아올 수 있다.

에어컨만이 아니다. 기후변화의 영향으로 산불 같은 미세먼지 오염원을 일으키는 자연재해 발생이 빈번해지면 우리가 앞으로 누릴 것으로 기대되는 자율주행 또한 지장을 받게 된다. 빛이 일정한 방향으로 편향되는 '선형 편광'을 적용하는 자율주행 센서 시스템은 미세먼지 농도 증가 시 그 세기가 약해지면서 광학 정보의 정확도를 떨어뜨리게 된다. 미세먼지가 빛을 산란시켜 신호 송출과 항법 시스템의 효율성을 떨어뜨린다.

현재의 기후변화가 지속된다면 부옇게 낀 먼지 속에서 불타고 침수되고 질병이 퍼지고 식량까지 부족해지는 땅에서 인간은 삶의 터전을 떠나 조금이라도 나은 환경을 찾기 위해 이주하는 새로운 유목민이 될지도 모르겠다.

인도네시아 자카르타는 도시화로 고층 빌딩들이 즐비하다. 도시의 과밀화와 기후변화는 도시를 침몰 위기로 몰아넣고 있다. ⓒ 문세영 기자

> 르포

'삐용삐용' 고장 난 지구가 보내는 시그널

2024년 8월 서울 광화문광장에는 물놀이를 즐기는 아이들로 가득했다. 서울관광재단이 주최하는 대형 물놀이 시설이 서울 한복판에 펼쳐졌다. 수영복을 입은 어린아이들이 무더위를 잊기 위해 간이로 설치된 워터 슬라이드를 타거나 분수 시설에 뛰어들어 물놀이를 했다.

물장구치는 아이들의 모습을 미소 지으며 바라보다가 한쪽 뺨이 뙤약볕으로 따갑게 느껴지는 순간, 한낮 무더위는 결코 신나는 일만은 아니라는 생각이 번쩍 들었다.

광화문광장 위 새파란 하늘을 바라보며 최근 작성했던 폭염 기사와 그동안 보아온 날씨 관련 연구 및 보도 내용들을 파노라마처럼 펼쳐봤다. 그곳엔 물에 잠기는 지구, 뜨거워진 지구, 불타는 지구 등 막막한 풍경이 그려졌다. 지구는 물놀이하는 아이들처럼 즐거워하기보다 위기의 시그널을 지속적으로 보내고 있었다.

2003년 미국 캘리포니아주 샌디에이고의 초대형 산불 현장의 한복판에 있

2024년 여름 광화문광장에서 아이들이 물놀이를 하고 있다. ⓒ 문세영 기자

었던 기억이 떠올랐다. 당시 수천 채의 가옥을 불태운 산불 현장에 있던 나는 영화 속 디스토피아를 빼닮은 새빨간 하늘을 봤다. 해 질 녘 볼 수 있는 아름다운 붉은빛이 아니었다. 섬뜩한 빨간 하늘 주변으로 잿가루가 휘날렸고 매캐한 냄새가 콧속을 파고들었다. 당시 내가 머물던 숙소 주인이 키우던 노쇠한 개는 호흡기에 문제가 생겨 숨을 거뒀다. 향후 산불이 진압된 이후에도 거리는 꽤 오랫동안 잿더미로 가득했다. 야외에서 잠깐만 종이컵을 들고 있어도 순식간에 그 안이 잿가루로 찼던 기억이 생생하다.

샌디에이고의 건조한 날씨는 당시 산불을 잡는 데 큰 걸림돌이 됐다. 2025년에는 더욱 극도로 건조해진 날씨로 로스앤젤레스(LA)와 인근 1만 7천여 채의 건물이 소실되는 매우 심각한 산불이 발생했다. 광주과학기술원(GIST) 에너지공학부 연구팀은 한미 공동 연구를 통해 지구의 대기순환 증폭이 LA 산불과 연관이 있다는 시뮬레이션 결과를 발표했다. 지구온난화로 해수면 온도가 상승하고 북극 해빙이 줄어들면서 대기의 흐름이 바뀌었고, 이러한 변화가 극심한 이상기후 현상과 밀접한 연관을 보인다는 것이다.

하지만 기후변화가 일어나고 있다는 사실을 믿지 않는 사람들이 있다. 산업혁명 훨씬 이전부터 지구가 다양한 기후변화를 겪어왔기 때문에 지구온난화로 인한 기후위기는 허구라고 주장하는 것이다. 대표적인 인물이 도널드 트럼프 미국 대통령이다. 트럼프 대통령은 2017년 6월 파리협정을 탈퇴하겠다고 발표했다. 파리협정은 이산화탄소 배출량 0을 지향하며 지구 온도가 산업화 이전 대비 1.5℃ 상승하는 것을 막기 위해 마련된 국제협약이다. 트럼프 대통령은 기후변화가 사기라는 관점을 유지했고, 파리협정은 산업 생산력을 저하시키는 등 부정적인 영향을 미칠 것이라고 주장했다. 2025년 제47대 대통령으로 재

2024년 8월 광화문광장에 서울관광재단이 준비한 물놀이 시설이 설치돼 있다. ⓒ 문세영 기자

취임한 트럼프 대통령은 조 바이든 대통령이 재가입했던 파리협정에 대한 재탈퇴를 선언했다.

인류가 화석연료를 사용하기 훨씬 전부터 지구에 다양한 기후변화가 있어 온 것은 사실이다. 지금으로부터 약 1만 2천 년 전에는 '영거 드라이아스기'가 있었다. 급격히 기온이 저하되면서 소빙하기에 접어든 시기다. 한랭기후는 약 1,200년간 지속됐고, 이후 급격히 온화한 기후가 찾아오면서 오늘날 지질시대인 홀로세로 접어들었다. 드라이아스기가 발생한 원인은 혜성 충돌, 화산 활동, 담수 유입으로 인한 해류 순환 감소 등 자연적 요인이 원인으로 꼽힌다.

인간의 문명이 시작된 이후에도 기후변화는 이어졌다. 기원전 2000년경에 급격하게 기온이 상승하는 사건이 발생했다. 이로 인해 나일강 강폭은 좁아지고 주변이 사막화되는 변화가 일어났다. 주요 문명 발생지의 운명이 기후에 좌지우지될 정도로 기후변화는 인류에게 큰 영향을 미쳐왔다.

기후위기 회의론자들은 지구 온도가 급격히 상승하거나 저하되는 이 같은 변화를 자연현상으로 보고 있다. 그렇다면 인간 때문에 기후가 변화하고 있다는 주장은 과장이고 허구일까? 그렇지 않다. 대다수 과학자는 기후위기가 사실이라는 점에 합의를 이루고 있다. 미국 코넬대 연구팀은 국제학술지『환경 연구 레터스』[1]에 기후 관련 논문 약 9만 편을 분석한 연구 결과를 발표했다. 이 연구에 따르면 논문의 99.9%는 인간 활동이 현재의 기후변화를 일으키는 원인이라는 주장을 뒷받침했다. 코넬대 연구팀은 온실가스 배출이 기후변화의 주요 원인이 되고 있다는 사실에 대한 과학적 합의가 99%에 이른다고 밝혔다.

세계기상기구(WMO)와 국제연합환경계획(UNEP)이 설립한 기후변화에 관한 정부 간 협의체(IPCC) 또한 기후변화는 인간 활동 때문이라는 사실을 증명해 나가고 있다. IPCC는 2022년 6차 평가 보고서에서 공룡 멸종 후 1천 년간 지구 온도가 1℃ 오른 반면, 화석연료를 사용한 이후에는 100년 만에 1℃가 상승했다는 점에서 인간 활동이 기후변화에 막대한 영향을 미치고 있다고 밝혔다.

태양 활동, 지구 공전, 자전축 기울기 등 지구와 태양 사이의 관계가 기후에 영향을 미친다는 점은 사실이다. 지구 자전축 기울기는 21.5~24.5° 사이에서 주기적으로 변화한다. 자전축 기울기가 커지면 여름과 겨울의 온도 차가 커지고, 기울기가 작아지면 연교차가 줄어든다. 지구가 태양의 둘레를 도는 공전

미국 산림청 소방관들이 2025년 1월 22일 캘리포니아 화재 진압에 나서고 있다. ⓒ wikimedia

궤도는 타원형이기 때문에 태양과 가까워지는 시기와 멀어지는 시기가 있다. 태양과 가까워지는 근일점에는 남반구의 태양 복사량이 늘어나면서 여름 무더위가 강렬해지고, 멀어지는 원일점에는 혹독한 겨울을 맞이할 수 있다. 태양은 11년을 주기로 흑점의 크기가 커졌다 작아지는데, 흑점이 커지면 태양 복사량이 증가하면서 지구의 기온이 상승할 수 있다. 태양의 영향 없이 급작스러운 기후변화가 일어난다면 이때는 혜성이나 소행성 충돌, 화산 폭발 등이 영향을 미친 것일 수 있다.

그런데 자연현상에 의한 기후변화는 수천~수백만 년에 걸쳐 일어난다. 현재 발생 중인 기후변화는 100년이라는 짧은 기간 동안 일어났다는 점에서 자연현상으로 인한 기후변화를 대입하기 어렵다.

5,500만 년 전인 팔레오세-에오세 최대온난기는 지구 역사상 가장 급격한 온도 변화가 일어난 시기로 꼽힌다. 이 시기에는 약 20만 년에 걸쳐 5~6℃ 정도의 기온이 상승했다. 불과 100년 만에 1℃ 이상의 기온이 상승한 현재 상황은 인간 활동을 제외하곤 설명하기 어렵다. 산업혁명 이후 일어난 급작스러운 기후변화와 빈번한 자연재해는 인간의 영향으로 발생했다고 보는 것이 더욱 합리적인 해석이라고 과학자들이 주장하는 이유다.

지질학계는 지구가 인간의 영향을 받기 시작한 지질시대를 '인류세'로 칭했다. 현재는 신생대-제4기-홀로세-메갈라야절이라는 지질시대에 해당하는데, 지질학계에서는 홀로세 다음 인류세를 선언해야 할 시점이 찾아왔다고 설명한다. 2024년 부산에서 열린 세계지질과학총회를 앞두고 만난 지질학자들은 1950년쯤을 인류세 시작점으로 볼 수 있으며, 이때를 기점으로 인간이 자연을 압도하기 시작했다고 설명했다.

인류세는 노벨 화학상 수상자이자 네덜란드 대기화학자인 파울 크루첸이 지난 2000년 제안한 용어다. 크루첸은 이산화탄소 배출로 지구 환경이 변화하고 있다고 주장했다. 지구 공전 및 자전 등의 영향으로 기후가 변화한다고 보는 '밀란코비치 이론'이 현재의 기후변화에는 적용되지 않는다는 점에서 자연이 아닌 인간이 기후변화를 주도하고 있다고 본 것이다.

국제지질과학총회 인류세 실무그룹이 선정한 인류세 표식지인 캐나다 크로포드 호수 퇴적층을 살펴보면, 1950년 인간의 영향을 받은 퇴적층이 확인된다. 크로포드 호수에는 퇴적물이 층층이 쌓여있어 지난 1천 년간의 환경 변화를 잘 간직하고 있다. 1950~1960년대는 이산화탄소와 메탄가스 농도가 급격히 증가한 시점이며, 핵폭발로 발생하는 방사능 물질인 플루토늄 검출량도 폭발적으로 늘어난 시기다. 크로포드 호수 퇴적물에는 이 같은 인간의 활동 기록이 담겨있다.

이때를 기점으로 생태계에서 일어나는 변화도 포착된다. 2023년 국제학술지 『사이언스』[2]에 실린 스코틀랜드 세인트앤드루스대 연구팀의 논문에 따르면, 1950년대 이후 4,292종의 생물이 몸집이 줄어드는 변화를 겪었다. 기후변화가 일어나면 공룡처럼 거대한 몸집을 가진 동물부터 멸종하는 현상이 벌어진다. 작은 몸집은 기후위기 시 생존에 유리하다는 점에서 생물들의 몸집이 작아졌다는 것은 인류세의 한 증거일 것으로 연구팀은 해석했다. 이 연구에 따르면 특히 바다에 사는 어류의 몸집이 두드러지게 작아졌는데, 기후변화로 인한 먹이자원 고갈, 높아진 해수 온도 등이 원인일 것으로 분석됐다.

인간이 살고 있는 거주 지역 환경도 기후변화의 영향을 받고 있다. 미국 캘리포니아주 샌디에이고, 샌터모니카, 샌터바바라, 샌프란시스코 등을 방문할 때면 해변에서 절벽 쪽을 바라보는 재미가 있다. 절벽 해안을 따라 화려하고 아름다운 주택들이 야자수와 어우러져 훌륭한 경치를 이루고 있기 때문이다. 그런데 오션뷰 전망의 이 아름답고 낭만적인 공간들이 기후변화로 공포의 공간으로 변할 우려가 커지고 있다. LA 부촌을 삼킨 2025년 산불이 대표적인 예다.

또 미국 샌디에이고 캘리포니아대 연구팀이 2023년 『지구물리학 연구-해양학』[3] 저널에 발표한 논문을 보면 지난 100여 년간 겨울 파도의 높이는 계속 높아지는 추세다. 1996~2016년 4m 이상의 파고가 형성된 날은 1946~1969년 대비 2배 이상 많았다. 연구팀은 지구온난화로 기후변화가 심화될수록 파도 높이는 더욱 높아질 것으로 보았으며, 궁극적으로 해안주택들이 직접적인 피해를 입을 것으로 전망했다.

후대에 돌아보면 현재는 인류세로 지정할 만큼 인간이 자연을 압도한 때는 아니었다는 결론이 날 수도 있다. 하지만 매우 높은 확률로 인류세일 가능성이 있다면 경각심을 느끼는 것이 우선이다. 돌이킬 수 없는 대형 참사가 벌어진 뒤 대응하는 것보다는 참사가 발생하기 전 만일의 사태에 대비하는 것이 재앙을 막을 방법이기 때문이다.

인류세 지정이 필요하다는 지질학계의 주장, 온실가스 배출을 최소화하기 위한 국제 협정, 기후변화에 대한 과학기술계의 지속적인 연구 등은 모두 재앙을 피하기 위한 방편이다. 화석연료 사용 이후 지구 환경이 변화하고 있다는 또렷한 징후들이 포착되고 있는 만큼 기후위기를 부정하는 것보다는 인정하고 대응책을 마련해나가는 것이 더욱 합리적인 선택이라는 것이다. 만에 하나 기후위기가 사실이 아니었다는 점이 밝혀지더라도 탄소배출을 줄이고 플라스틱 사용을 줄이는 등의 다양한 개선 노력은 더욱 건강한 생태계를 조성하는 데 도움이 된다는 점에서 이점이 있다.

한국과학기술연구원(KIST)에서 만난 기후를 연구하는 한 과학자는 기후위기 부정론에 대해 어떻게 생각하느냐는 질문에 "일반인이든 과학자든 다양한 의견을 내놓을 수는 있다"며 "하지만 현재의 전반적인 기후 관련 데이터를 종합해보면 기후위기는 실재한다고 보는 것이 논리에 맞겠다"고 말했다. 이어 "기후변화가 심각해지면 저소득 국가일수록 피해가 커지기 때문에 경계심을 갖고 대응책을 마련하는 것이 맞다"며 "기후변화에 취약한 지역이나 개인이 큰 피해를 입지 않도록 머리를 맞대야 한다"고 덧붙였다.

기업들도 기후변화를 늦출 방법을 찾고 있다. 먹거리 생산, 제조, 가공, 유통 등의 과정에 혁신기술을 적용하는 푸드테크 취재 차 만난 기업들은 기후변화가 식량안보를 위협하고 있다는 점을 공통적으로 통감하고 있었다. 전통적인 식량 생산 방식으로는 기후변화로 줄어들고 있는 식량 생산량을 점점 감당하기 어려워진다는 것이다.

동물성 식품 소비가 늘고 있는데, 육류 생산을 위해 기르는 가축은 온실가스 발생의 주요 원인으로 꼽힌다. 소가 트림을 하거나 방귀를 뀌면 메탄가스가 배출되는데, 이는 전체 온실가스 배출량의 약 20%를 차지한다. 이로 인해 육류를 대신할 수 있는 배양육이나 식물성 대체육을 만들기 위한 시도가 이뤄지고 있다. 한 배양육 기업 현장에서 만난 관계자는 "배양육이 상용화되면 가축을 기르거나 도축하지 않고도 고기를 얻을 수 있다"며 "동물 복지에 도움이 될 뿐 아니라 온실가스 배출량을 줄이는 데도 도움이 될 것"이라고 말했다.

탄소배출량을 줄이기 위한 스마트팜도 조성되고 있다. 2023년 겨울 서울 성동구에 위치한 스마트팜을 방문했다. 11월 초겨울 날씨로 바깥은 제법 쌀쌀했지만 도심 한복판 옥상에 마련된 온실 안에는 가지, 파프리카 등의 채소가 건강하게 자라고 있었다. 한국기계연구원이 만든 이 옥상 온실은 건물에서 버려지는 열과 이산화탄소를 활용해 온실 작물을 재배하고 있었다. 기계연 관계자는 "건물 냉난방 에너지를 20% 절감하고 온실가스는 30% 감축하면서 작물 생산성은 20% 증가시킬 수 있는 재배 방식"이라고 설명했다.

도심 속 온실이 상업화된다면 주변 식

당으로 곧바로 식재료를 제공할 수 있다는 점에서 산지와 소비처가 가까워진다는 이점도 있다. 소비자는 신선한 작물을 공급받을 수 있고, 채소를 멀리 떨어진 지역으로 보내기 위해 저장·수송 과정에서 발생하는 탄소배출량도 줄일

한국기계연구원이 스마트팜 기술을 이용해 서울 도심 한복판에 옥상 온실을 운영하고 있다. ⓒ 문세영 기자

한국기계연구원의 스마트팜 기술로 재배 중인 식물의 모습 ⓒ 문세영 기자

수 있다.

　여름철 폭염과 열대야 빈도는 높아지고 겨울은 극심한 한파가 찾아오거나 반대로 온화한 기후가 이어지는 기상이변이 발생하고 있다. 북극 해빙의 면적은 계속해서 줄어들고 있다. 바닷물이 따뜻해지면서 해양 생태계를 위협한다. 홍수, 가뭄, 태풍, 허리케인, 산불 등의 패턴이 변화하면서 자연재해가 발생하는 빈도도 높아지고 있다. 이러한 변화는 인간뿐 아니라 동식물도 서식지를 잃고 질병에 걸리거나 심지어 멸종할 위기를 높인다. 과학자들은 이러한 현상들이 인간 활동에 의한 기후변화 탓이라는 점에 동의하고 있다. 아직까지는 많은 사람에게 한여름 땀이 좀 더 나는 정도의 불편으로 느껴질 수 있지만, 전문가들은 재앙을 피할 수 있는 마지노선이 임박했다고 보고 있다. 최후 방어선을 넘는 순간 우리 모두 자연재해의 희생자가 될 수 있다. 기후변화를 외면할지, 고장 난 지구의 시그널을 듣고 대비책을 강구해나가야 할지에 대한 선택은 매우 명료하다.

가상 INTERVIEW

생존의 초시계 '째깍', 우리 살아남을 수 있을까!

기자: 지구온난화는 폭염, 산불, 폭우, 홍수 등 자연재해를 악화시키는 요인이죠. 기상이변으로 전 세계 곳곳의 극한 날씨 빈도가 높아지고 있어요. 2024년 4월 아프리카 말리엔 극심한 폭염으로 기온이 48°C 이상 상승했어요. 이로 인해 입원 및 사망 인원이 크게 증가했죠. 세계기상기구(WWA)는 인간이 일으킨 기후변화 없인 이 정도의 기온 급등이 발생하지 않았을 것으로 보았죠. 앞으로 '사상 최고 더위', '역대급 폭염'이 발생하는 날이 더욱 잦아질 것으로 보입니다.

　기후변화는 열돔 현상의 빈도와 강도를 증가시켜요. 열돔은 고기압의 정체로 특정 지역에 뜨거운 공기가 갇혀 며칠 또는 몇 주간 심각한 폭염이 발생하는 현상이에요. 기후변화는 대류권 상부나 성층권 하부에서 제트기류의 흐름을 약화시켜 열돔을 심화시킬 수 있어요. 기후변화로 따뜻해진 바다가 대기 중으로 방출되는 것도 열돔의 강도와 지속 기간을 늘리죠. 지금처럼 화석연료 사용이 지속되면 앞으로 열돔 같은 극단적인 무더위 현상은 더욱 자주 발생하게 될 거예요.

　기후변화로 인한 강우 패턴 변화는 일부 지역은 더욱 습하게, 일부 지역은 더욱 극단적인 날씨가 잦아지면 건강권을 누리기도 어려워져요. 스페인 마르케스 데 발데실라 병원이 2024년 10월 유럽응급의학회(EUSEM)에서 발표한 조사 결과에 따르면, 응급의학 전문가들은 기후변화가 의료체계와 응급의료에 심각한 영향을 미칠 것으로 봤어요. 산불, 폭염, 홍수 등이 잦아지면서 환자 수가 크게 늘어나고 감염병 발생 위험도 증가하면서 특히 저소득 국가가 큰 피해를 입을 것으로 봤죠.

경제적 손실도 피할 수 없습니다. 행정안전부에 따르면 2024년에는 장마로 3천억 원의 재산 피해가 발생했고, 복구 비용으로 9,239억 원이 투입됐습니다. 2022년 기후변화로 인한 경제적 피해는 2013년보다 5배 이상 증가했다는 점도 확인됐습니다. 앞으로 사망자 및 실종자 발생으로 인한 인명 피해 및 경제적 피해 규모는 더욱 커질 거예요.

여름철 무더위는 일사병, 열사병, 열경련 등의 온열질환 환자 발생을 매년 증가시키고 있고, 화석연료에서 나오는 각종 유해물질은 호흡기질환, 심혈관질환, 알츠하이머병 등의 각종 질환 발생 위험률을 높여요. 저소득 국가는 식량 부족으로 굶주림 또한 심해질 겁니다.

그런데 지구온난화와 기후변화로 건강과 생존권을 잃고 있는 건 사람만이 아닙니다. 기후변화의 영향으로 극심한 피해를 입고 있는 동식물을 만나볼까요? 호주 산불을 경험했던 코알라 씨를 우선 만나봅니다.

안녕하세요, 코알라 씨. 2020년 호주 산불 당시 가까스로 목숨을 건질 수 있었다고 들었습니다. 산불 사건을 계기로 코알라는 멸종위기종으로 지정됐을 정도로 큰 피해를 입었다는 점이 참 유감스럽습니다.

코알라: 기자님도 아시다시피 우리는 움직임이 느리고 이동을 잘 안 해요. 산불이 덮쳤을 때 상당수 동료가 화마를 피하지 못한 이유죠. 제 친구들을 잃을 당시 산불의 엄청난 파괴력을 잊을 수 없어요. 활활 타오르는 불씨는 기후변화로 바짝 마른 잎과 가지를 순식간에 집어삼켰고 강한 화염이 주변으로 번졌어요. 하늘은 검은 연기로 뒤덮였고 바람을 타고 불씨는 이곳저곳 새로운 불길을 일으켰어요.

제 주변의 새 친구들은 순식간에 하늘로 날아올라 산불을 피했지만, 둥지에 남은 새끼들은 저세상으로 보내야 했죠. 이제 막 세상에 나온 새 생명이 사라지는 고통의 순간이었습니다.

저는 공포에 질려 필사적으로 도망치고 싶었지만, 사방이 불꽃으로 가득해 피할 수 있는 곳이 없었어요. 다행히 호스를 들고 화염과 필사적으로 싸우는 소방관을 만났죠. 소방관은 재로 뒤범벅이 된 채 가쁘게 숨을 몰아쉬며 저를 안고 불길을 황급히 빠져나왔어요.

　불길을 피해 도로에 도착했을 땐 안도감이 들었지만, 그 감정은 잠시뿐이었어요. 주변의 매캐한 냄새는 하늘로 치솟는 화염을 다시금 떠올리게 했어요. 그리고 온통 붉은빛으로 가득한 그곳에서 아직도 빠져나오지 못한 동료들이 생각났어요.

　이후 코알라 병원에 이송된 저는 화상 치료를 받고 증상이 호전되기 시작했어요. 하지만 제 옆에 구조된 또 다른 코알라 친구는 전신에 심각한 화상을 입었고, 결국 담당 수의사는 더 이상 고통에 시달리지 않도록 그 친구의 안락사를 결정했어요. 저는 목숨을 건졌고 건강이 회복됐지만, 친구가 숨지는 걸 지켜보는 과정에서 극심한 심리적 고통을 겪었어요.

　재앙은 평생의 트라우마로 이어져요. 매일 슬펐다가 우울했다가 불안했다가 화가 치밀기도 하죠. 산불이 발생한 지 여러 해가 지났지만, 저는 아직도 무서운 기세로 불길이 번지는 죽음의 현장에서 살기 위해 나무 위에 간신히 매달려 버티던 친구들의 모습이 머릿속에서 떠나질 않아요. 제 꿈속에 나타나는 그들은 검은 재로 사라져요. 저는 지금도 가끔 산불 냄새가 코를 찌르는 것 같아 숨을 쉬기 어렵고 호흡이 가빠집니다.

기자: 꼭 마음의 건강을 되찾기 바랍니다. 이번에는 생각지 못한 기후변화 피해자를 만나봅니다. 먹이사슬 꼭대기에 있는 최상위 포식자인 호랑이들은 어떤 환경에서든 배부른 생활을 할 줄 알았는데요. 오늘 모신 벵골호랑이 씨는 멸종될까 두려워하신다고 하네요. 이유가 뭐죠?

벵골호랑이: 저라고 별수 있겠어요? 기후변화 앞에 천하무적은 없어요. 저는 갠지스강 하류 삼각지대인 순다르반스에 있는 숲에서 생활하고 있는데, 강수량이 줄어들면서 생존에 필요한 식수가 부족해지고 있어요.

　서식지도 갈수록 줄어들고 있는 상황이에요. 기온이 상승하면서 해수 온도가 올라가고 제가 사는 지역으로 바닷물이 흘러들고 있어요. 앞으로 50년 내에 순다르반스가 완전히 사라지게 될 거란 컴퓨터 시뮬레이션 결과가 있다고 하더군요. 서식지를 잃은 우리는 어떻게 될까요? 사람들은 우리를 멸종위기동물이라고 부르기 시작했어요. 기자님은 사람이 완전히 사라진 세상을 상상할 수 있나요? 저 역시 절멸하는 존재가 되고 싶지 않아요.

기자: 인공지능(AI)이 급속도로 발전하면서 2024년 노벨 물리학상 수상자인 제프리 힌턴 캐나다 토론토대 교수는 사람이 향후 30년 내에 멸종될 확률은 10~20%라고 경고한 바 있죠. 멸종에 대한 위기감과 공포감엔 공감이 갑니다. 기후변화와 AI가 종말을 위한 경쟁적 달리기를 하는 느낌이 드는군요.

식물사회에서도 기후변화와 관련해 목소리를 내고 싶다고 하니 들어보도록 하겠습니다. 오늘 이 자리엔 대표로 목련 씨가 나와주셨습니다.

목련: 안녕하세요. 기후변화는 동물에게만 피해를 입히는 게 아니에요. 저 같은 식물도 막대한 영향을 받고 있어요. 식물은 생태계가 유지되는 기반인데, 나무 종의 3분의 1 이상이 멸종위기에 처했다는 사실 알고 계신가요? 기자님께서 아연실색하시는 걸 보니 많이들 모르고 계실 거 같네요.

저 목련도 멸종위기종이에요. 국제자연보전연맹(IUCN)이 2024년 10월 발표한 적색목록 보고서를 보면, 192개국에 서식하는 나무 종의 38%가 멸종위기에 놓였어요. 우리가 사라질 위기에 놓인 이유는 삼림의 농장화 또는 목장화, 벌목을 통한 도시화 등이 꼽혔어요. 기후변화로 잦아진 홍수, 가뭄, 산불, 폭풍, 늘어난 해충 등도 우리의 생존을 위협하는 요인이죠.

우리는 광합성을 통해 지구온난화를 일으키는 탄소를 빨아들이는 역할을 하고 있어요. 공기 중 오염물질을 제거하고 정화하는 우리가 없으면 기후위기는 더욱 악화될 거예요. 우리가 건강하게 존재해야 작은 미생물부터 큰 동물까지 다양한 생물체가 함께 살아가는 생물다양성을 유지할 수 있어요. 생물다양성을 잃으면 생태계를 유지하고 복원하는 지구의 능력이 점점 떨어지고, 우리는 암울한 미래의 문을 열어야 할지도 몰라요.

기자: 유엔(UN)에 따르면 대기 중 이산화탄소 배출이 없는 '탄소 제로'에 대한 전 세계의 염원에도 2024년은 대기 중 온실가스 농도가 역대 최고 수치를 기록했다고 합니다. 숲과 바다는 이산화탄소를 흡수하는 능력이 떨어졌고, 지구온난화는 더욱 심해지는 악순환이 우리가 처한 현주소입니다. 오늘 동물과 식물 취재원들의 얘기

를 들어보니 지금의 악순환이 되돌릴 수 없는 기후 재앙으로 이어질까 더욱 염려됩니다. 탄소 감축 계획을 적극적으로 실천하지 않는다면 인류와 동식물에게 남은 시간은 생각보다 길지 않을 수 있다는 점을 통감해야겠습니다.

하와이 북서부 제도에서는 바다에 버려진 플라스틱 잔해를 수거하는 작업으로 바다코끼리가 플라스틱 잔해물에 얽혀 다치거나 사망하는 사고를 크게 줄일 수 있었습니다. 우리가 바꾸려고 노력하기만 한다면 긍정적인 결과를 기대할 수 있다는 의미죠. 재건과 회복을 위한 인간의 연대가 절실히 필요한 시점입니다.

다행히 꿀꿀한 소식만 있는 건 아닙니다. 기후위기를 극복하기 위해 화석연료 사용을 크게 줄이고도 시민이 높은 만족도를 유지하는 곳이 있습니다. 아이슬란드에서 오신 대체 에너지 전문가인 발두르 씨, 친환경 에너지 혁명에 나선 아이슬란드에 대해 소개해주신다고요?

발두르: 안녕하세요? 저는 아름다운 자연환경을 가진 아이슬란드에 살고 있습니다. 아이슬란드는 기후변화의 영향을 가장 많이 받는 나라 중 한 곳이죠. 국토의 10%가 빙하인데, 빙하가 계속 녹으면서 그 부피가 줄어들고 있어요. 빙하가 강 등으로 흘러들어 수자원이 늘어나거나 전에 없던 새로운 삼림이 형성되는 등 이점도 분명

지구의 야경. 지구의 아름다운 야경을 계속 볼 수 있으려면 대체 에너지를 이용한 전력 신산업이 활성화돼야 한다. ⓒ 미항공우주국(NASA)

히 존재하지만, 기존 생태계가 손실되거나 국민의 안전이 우려되는 등의 문제도 발생하죠. 아이슬란드는 기후변화의 복합적인 영향을 받고 있는 나라인 만큼 아이슬란드 정부는 친환경 에너지에 대한 관심이 높아요.

아시다시피 아이슬란드는 상당히 추운 곳이기도 해서 심지어 7~8월에도 난방을 사용해야 할 때가 있어요. 이를 감당하기 위해 아이슬란드는 전체 에너지의 80% 이상을 친환경적인 방식으로 생산하고 있습니다. 화산에서 발생하는 지열을 이용해 난방, 농업, 산업 등에 다양하게 활용하고 있죠. 가정에서 사용하는 난방의 90% 이상은 지열을 이용하고 있고, 지열로 온실을 데워 채소를 키우기도 하죠.

아이슬란드 도로를 달리는 버스들은 시커먼 매연 대신 수증기를 내뿜어요. 공해를 일으키기는커녕 오히려 버스 운행 중 공기가 정화되는 효과가 일어나죠. 그래서 수소 버스는 '달리는 공기청정기'로 불립니다. 지열로 생산한 전기로 물을 분해해 수소를 만들어 수소 버스 등의 에너지로 쓰고 있는데, 아이슬란드 정부는 2050년까지 모든 운송 시스템에 수소 에너지를 적용해 화석연료 제로 시대를 열겠다는 목표를 갖고 있어요.

기자: 발두르 씨 얘기를 들어보니 아이슬란드는 화석연료를 대신할 수 있는 친환경 에너지를 제대로 활용하는 모범 국가라는 생각이 듭니다. 이는 우리 모두 친환경 에너지를 운송수단의 동력으로 삼고, 자동차가 도로를 달릴 때 오히려 공기 필터링 효과를 얻는 깨끗한 환경을 조성할 수 있다는 희망을 심어줍니다.

우리가 아이슬란드에 살고 있지 않고 당장 빙하가 녹아내리는 환경에 살고 있지 않다 해도 기후변화에 대한 민감도를 더욱 높여야겠다는 생각이 듭니다. 이를 통해 더 많은 온실가스 및 대기오염 감축 성공 사례들을 만들어나가야 하지 않을까요? 지속가능한 미래를 만들어나가려면 화석을 대체한 에너지 사용은 선택이 아닌 필수라는 점에서 전 세계적으로 친환경 에너지를 적극 활용하는 선도 모델들이 더욱 많아졌으면 합니다.

르포 │ 화석연료 종식을 위한 대체수단, 그리고 걸림돌

기후변화가 심화되는 것을 막으려면 온실가스 배출 주범인 화석연료를 대체할 에너지 자원이 필요하다. 화석연료를 대신할 수 있는 친환경 에너지로는 어떤 게 있을까?

우선 바람, 물, 햇빛 등 지속 공급이 가능한 '재생 가능 에너지'가 있다. 태양의 현재 나이는 46억 살이며, 수명은 약 100억 년에 이를 것으로 예상된다. 지구의 수명은 그보다 짧을 것으로 추정되기 때문에 태양의 열과 빛은 지구에서 사용할 수 있는 영구적인 에너지 자원이다. 태양 에너지는 화석연료처럼 고갈될 우려가 없다.

바람을 이용한 풍력 에너지, 물을 이용한 수력 에너지도 무한히 에너지를 제공할 수 있다. 유기체를 활용한 바이오매스 에너지도 재생 가능 에너지에 속한다. 미생물부터 식물, 동물까지 다양한 생물자원을 연료로 활용할 수 있다. 가령 한국에너지기술연구원은 2024년 견과류 제품 생산 시 버려지는 캐슈넛 껍질을 친환경 바이오연료로 바꾸는 데 성공했다. 캐슈넛 껍질에는 고열량 기름 성분이 들어있다. 연구팀은 중온에서 열분해하는 방식으로 기존 기계적 압착 공정보다 빠르게 캐슈넛 껍질을 석유대체연료인 바이오중유로 만

미국 아이다호에 있는 풍력발전 단지 ⓒ wikimedia

들어냈다.

원자력 에너지도 탄소중립을 위한 친환경 에너지에 속한다. 원자력발전은 화력발전과 마찬가지로 증기의 힘을 이용해 터빈을 돌려 전기를 생산한다. 다만 석유, 석탄 같은 화석연료 대신 핵분열 과정에서 나오는 에너지로 증기를 만들어낸다. 소량의 연료만으로 많은 양의 전력을 생산할 수 있는 방법이다.

차세대 청정 에너지로 수소 에너지와 핵융합 에너지도 주목받고 있다. 수소 에너지는 원자번호 1번이자 물의 구성 원소인 수소를 활용한 에너지로, 연소 시 오염물질 대신 물을 배출한다는 점에서 친환경적이며 무한에 가까운 자원이라는 이점이 있다.

'인공 태양'으로 불리는 핵융합 에너지는 아직 연구개발 단계에 있지만, 온실가스를 발생시키지 않는 미래 에너지로 주목도가 높다. 원자력 에너지가 원자핵을 쪼개는 핵분열 원리를 활용해 생성하는 에너지라면, 핵융합 에너지는 원자핵들이 융합하는 과정에서 방출되는 에너지다. 핵융합 연료 1g은 석유 8t에 달하는 에너지를 생산할 수 있는 고효율을 낼 것으로 기대된다.

이처럼 다양한 대체 에너지가 존재함에도 화석연료에 대한 의존도가 높은 이유는 무엇일까?

우선 재생 가능 에너지는 날씨나 지형의 영향을 많이 받는다는 문제가 있다. 날이 흐리거나 비 또는 눈이 오면 태양 에너지의 효율이 낮아진다. 밤에는 태양 에너지를 생산할 수 없기 때문에 전력을 비축해둬야 하는데, 전력 저장을 위한 배터리 기술의 효율을 높이는 숙제가 남아있다. 태양광 패널을 설치하려면 넓은 공간이 필요하다는 점도 상용화의 제약이 되고 있고, 설치하는 데 많은 비용이 든다는 점도 한계다. 풍력 에너지도 해안가, 넓은 평원 등 바람이 강하게 부는 지역에서만 작동할 수 있다는 문제가 있고 초기 비용, 유지보수 비용 등이 많이 든다는 점에서 진입장벽이 높다.

원자력 에너지는 핵연료를 사용한 뒤 남은 '사용후핵연료' 처리 문제가 있다. 방사선을 방출하기 때문에 안전하게 처리해야 하지만, 현재 국내 방사성 폐기물 저장시설이 거의 다 찬 상태로 약 5년 후면 포화상태에 이를 것이란 분석이 나온다.

수소 에너지는 생산 과정에서 재생 에너지를 에너지원으로 사용하는 '그린수소'를 지향하는 것이 과학자들과 산업계의 목표지만, 현재는 화석연료 기반으로 수소를 생산하는 '그레이수소'가 대부분이기 때문에 아직 청정 에너지로서 기능하는 데 한계가 있다.

핵융합 에너지는 구현된다면 가장 이상적인 화석연료 대체 에너지가 될 수 있지만, 아직 상용화되려면 갈 길이 멀다. 상업로 전 단계인 실증로가 건설되는 시점은 2035년, 상용화되는 시점은 2050년이 될 것이라는 예측이 제기되나 이보다 늦어질 것이라는 전망도 있다.

화석연료는 대체 에너지보다 저렴하고 추출 및 가공을 위한 인프라가 이미 갖춰져 있어 안정적인 에너지 공급이 가능하다. 전통적인 채굴 방식 덕분에 개발도상국도 접근하기 쉬운 에너지다. 대체 에너지로 전환해야 할 경제적 유인 등이 부족하기 때문에 탄소 배출이라는 심각한 이슈에도 전환이 잘 일어나지 않는 상황이다.

중동의 석유 생산국들은 산유국으로서 부를 누리고 있기 때문에 탄소중립에 적극 동참하지 않고 있다는 점도 제약이 되고 있다. 2023년 아랍에미리트 두바이에서 열린 유엔기후변화협약 당사국 총회(COP28)에서 주요 산유국들은 화석연료 감축안에 반대 의사를 표했다. 해당 총회에서 당사국들은 화석연료에서 멀어지자는 합의문을 채택했지만, 산유국들의 저항으로 당초 합의문에 담겼던 화석연료의 '단계적 퇴출'이라는 문구가 빠졌다.

화석연료를 당장 종식하기 어려운 상황이라는 점에서 주목받는 기술들이 있

재생 가능 에너지의 일종인 태양열의 발전 모습
ⓒ Sarvajanik Puralekh, wikimedia, CC BY-SA 2.0

다. 이산화탄소를 모아 격리하는 '이산화탄소 포집·저장(CCS)' 기술과 진동, 열 등의 자연 에너지원을 모으는 '에너지 하베스팅 기술'이다.

CCS 기술은 이산화탄소를 포집하여 파이프라인이나 선박을 이용해 육지 또는 해저에 격리하는 기술이다. 땅속 깊은 곳 또는 바다의 깊은 수심에 이산화탄소를 옮겨 대기 중 탄소 농도를 낮출 수 있다.

건축 자재를 이산화탄소 저장고로 사용하면 연간 이산화탄소 배출량의 절반을 제거할 수 있다는 연구 결과도 있다. 미국 데이비스 캘리포니아대가 2025년 1월 10일 국제학술지 『사이언스』[4]에 발표한 논문에 따르면, 건축 자재는 파이

탄광에 설치된 탄소 포집 기술 장비 ⓒ Peabody Energy, wikimedia

프라인 등의 인프라 구축 없이 이산화탄소 흡수원으로 기능할 수 있다. 콘크리트를 만들 때 쓰는 골재의 연간 수요량은 21.7Gt(기가톤)이며 벽돌은 매년 2.4Gt가량 생산되고 있다. 콘크리트, 벽돌, 목재, 플라스틱 등 건축 자재가 매년 다량 생산되고 있기 때문에 이곳에 이산화탄소를 저장하면 인간 활동에 의해 배출된 한 해 이산화탄소의 절반을 격리할 수 있다는 분석이다. 현실화하려면 많은 시간이 필요하겠지만, 상용화되면 배출된 이산화탄소를 관리하기 훨씬 용이해질 것으로 보인다.

에너지 하베스팅 기술은 버려지는 에너지를 수확해 전기에너지로 재활용하는 기술이다. 우리 몸에서 나오는 체온을 웨어러블 센서를 구동하는 데 활용할 수 있고, 일상적인 움직임에서 운동에너지를 수확해 전기에너지로 변환할 수도 있다.

다만 이러한 기술들도 아직 초기 단계에 머물고 있어 당장 실용화하기 어렵다. 초기 설치 비용과 운영 비용이 많이 들고 기술적 복잡성을 해결해야 하는 과제들이 남았다.

결국 CSS 기술처럼 이산화탄소를 가두거나 하베스팅 기술처럼 버려진 에너지를 수확하는 방식을 찾아나가는 과정에서 화석연료 종식의 걸림돌이 되는 문제를 함께 해결해나가야 한다. 당장 구현하기 어렵더라도 지속가능한 에너지로서의 잠재력이 높은 대체 에너지는 꾸준한 연구를 통해 실용화 방안을 강구해야 한다. 이를 통해 화석연료 에너지와 친환경 에너지의 원가가 동일해지는 '그리드 패리티'에 근접하게 되면 빠른 속도로 탄소배출 속도를 줄여나갈 수 있게 된다.

세계기상기구(WMO)에 따르면 2023년 대기 중 온실가스 농도는 사상 최고치였다. 산업화 이전 대비 이산화탄소는 151%, 메탄은 265% 늘어났다. 숲은 탄소를 흡수할 능력을 잃어가고 있고, 탄소 저장소인 남극 바다는 오히려 탄소를 배출하는 현상을 보이고 있다. 온실가스 배출이 심화되는 현재 상황에 제동을 걸지 못하면 생명과 생태계의 생존 초시계는 멈출 수도 있다.

옆에 있는 누군가가 담배를 피우기만 해도 우리는 간접흡연의 피해를 입는다. 그런데 대량 방출되는 온실가스가 생태계에 아무런 영향을 미치지 않는다고 기후위기는 허구라고 할 수 있을까?

대체 에너지로의 전환은 반드시 실현돼야 한다. 다만 이 과정에서 부득이하게 피해를 입는 개인과 국가가 발생할 수 있다. 이들의 고통을 최소화하려는 노력도 필요하다. 화석연료가 종식되는 과정에서 관련 산업 종사자들은 일자리를 잃게 된다. 막대한 비용을 초래하는

ⓒ Pixabay, pexels

대체 에너지로의 전환 과정은 개발도상국에 경제적 부담을 가중시킨다. 고용 전환 및 개발도상국 인프라 구축을 위한 지원 등이 필요하다. 지속적인 연구 및 기술개발이 이뤄지도록 대체 에너지 기업에 대해선 보조금 등을 지원하는 방책이 마련돼야 하고, 탄소세 부과 등 탄소중립을 위한 강력한 정책과 국제적 공조 또한 필요하다.

인류의 역사는 사고가 나야 개선되는 역사를 반복해왔다. 기후위기와 관련해 선 '1.5℃ 상승'이라는 사고가 발생한 뒤 개선한다는 목표를 세울 수 없다. 하나의 기후변화가 또 다른 변화를 연쇄적으로 촉발하는 '기후순환'이 지속되면 인간이 제어할 수 없는 단계로 접어들게 된다. 선제적인 조치를 취하지 않는다면 맹수를 보고 필사적으로 도망쳐야 했던 고대 인류처럼 미래 인류도 타들어가는 나무, 가라앉는 지반을 피해 또다시 죽을힘을 다해 도망치는 생활을 하는 운명을 받아들여야 할 것이다.

참고자료

1) Lynas, M., Houlton, B. Z., & Perry, S. (2021). Greater than 99% consensus on human-caused climate change in the peer-reviewed scientific literature. Environmental Research Letters, 16(11). https://doi.org/10.1088/1748-9326/ac2966

2) Martins, I. S. et al. (2023). Widespread shifts in body size within populations and assemblages. Science, 381, 1067–1071. https://doi.org/10.1126/science.adg6006

3) Bromirski, P. D. (2023). Climate-induced decadal ocean wave height variability from microseisms: 1931–2021. Journal of Geophysical Research: Oceans, 128(8). https://doi.org/10.1029/2023JC019722

4) Van Roijen, E., Miller, S. A., & Davis, S. J. (2025). Building materials could store more than 16 billion tonnes of CO_2 annually. Science, 387. https://doi.org/10.1126/science.adq8594

NewsPaper | Vol.03

Penguin('s) News

3천만 펭귄의 정론지

속보
기미니펭귄,
결국 이주를 택하다!

이슈
꾹꾸펭귄, 기후변화의
그림자 아래 생존을 외치다!

분석
크릴 어선에 수탈된
우리의 미래

국제
펭귄 대표단,
UN정상회의서 호소

대담
남극 지킴이 35년
펭귄 어르신이 전하는
협력과 보호의 메시지

기고
남극의 경이와 위기

김연식 작가/ 전)그린피스 국제본부 활동가/ 선장

김연식 선장은 극지 바다를 항해하며 남극 생태계의 목소리를 가장 가까이서 들어온 '현장의 증언자'다. 『펭귄(들의) 뉴스』는 그가 만들고자 한 가상의 뉴스이자, 펭귄의 시선으로 세계의 기후위기를 고발하는 생명 르포이기도 하다. 젠투펭귄의 남하, 꾹꾸펭귄의 새끼 몰사, 크릴 어획과 해양 생물의 굶주림, 그리고 펭귄들이 UN에서 연설하는 상상적 장면까지. 그의 글은 사실과 상상, 고발과 희망을 넘나들며 독자에게 '침묵하는 존재들의 목소리'를 들려준다.

Penguin('s) News

발행인_김연식

3천만 펭귄의 정론지

속보 기미니펭귄, 결국 이주를 택하다!

남극반도 안데르손섬에 새 둥지,
꾹꾸펭귄의 섬을 독차지하기도.
생태계 재편과 펭귄사회 내부 갈등 징후

(남극반도 안데르손섬 발) 우리 남극 펭귄사회의 단단한 질서가 흔들리기 시작했다. 따뜻한 북쪽에서 주로 서식하던 기미니펭귄(펭귄사회에서 기민한 젠투펭귄을 일컬음)들이 남쪽으로 대규모 이주를 감행했다. 이들은 남극반도 끝 안데르손섬(칠레 방향)과 서남극(호주 방향) 꾹꾸펭귄(아델리펭귄을 일컬음)의 천국으로 불리는 '꾹꾸섬'에 둥지를 틀었다. 지난달 펭귄사회연구소의 월간 동향조사 결과, 기미니펭귄 둥지가 안데르손섬에서 75개, 꾹꾸섬에서 8천여 개 확인되었다. 본래 우리가 서식하지 않던 안데르손섬에 기미니가 둥지를 트는 동시에 꾹꾸펭귄의 서식지를 점령하기까지 하며 남쪽으로 영역을 확장하는 것은 기후변화로 인한 서식지 환경 악화와 먹이 부족이 불러온 '도미노' 이주의 신호탄으로 해석되고 있다. 여태껏 남쪽 지역에 살던 펭귄들도 적당한 기후를 찾아 연쇄적으로 서식지를 옮길 수밖에 없다.

기미니의 이주는 쉬운 결정이 아니었다. 파도와 강풍에 부서지는 얼음, 불안정한 해류 속에서 일부 동료는 길을 잃었고, 가까스로 도착한 개체마저 낯선

바다와 지형에 애를 먹고 있다. 안데르손섬은 기존 서식지보다 얼음이 적고 해안선 지형이 험난해 둥지를 짓기조차 버거운 곳으로 알려졌다. 게다가 기미니의 작고 재빠른 체구를 활용한 사냥 방식은 이 섬 근처 깊은 바다에서는 성공률이 급격히 떨어지는 탓에 먹이를 구하기도 어렵다. 그렇지만 급격히 바뀐 기후에 펭귄들은 새로운 생존 방식의 낭떠러지로 떠밀리는 처지다. 기미니들은 이주의 위험을 감수하고 터전을 옮길 수밖에 없었다.

지난 수십 년 동안 남극의 기온은 가파르게 올랐다. 펭귄사회연구소 자료를 보면 지난 50년 동안 남극 평균기온은 약 3℃ 상승했고, 2020년 2월에는 사상 최고 기온인 18.3℃를 기록하는 등 이상 기후 현상이 만연하고 있다. 지난 40년 사이 남극 해빙 면적은 40% 이상 감소해 해빙 패턴과 해류의 흐름이 크게 변동하고 있으며, 이 때문에 우리의 먹이인 크릴과 물고기의 서식 환경에도 큰 타격을 주고 있다.

다른 종보다 온난한 기후를 선호하는 기미니는 북쪽의 해수 온도가 꾸준히 상승하자, 점차 서식지를 찾기 위해 남쪽으로 이동하는 경향을 보인다. 안데르손섬은 최근 표면 얼음 면적이 급격하게 줄어들더니 봄철에는 따뜻한 지표면이 드러나고 있다. 지표면에 둥지를 짓는 기미니가 서식할 수 있는 환경으로 변한 것이다. 이들의 이주는 단순한 서식지 이동을 넘어, 기후변화가 불러온 펭귄 생태계 재편의 첫 단계를 상징하는 중요한 사례로 주목받고 있다.

기미니의 새로운 도전은 남극 내 다른 펭귄 종에게도 큰 영향을 미치고 있다. 차가운 얼음 위에서 번식을 이어오던 황제펭귄은 얼음판이 빠르게 녹아 서식지가 점점 줄어들고 있다는 불만을 드

ChatGPT로 생성한 이미지

러내고 있다. 황제펭귄은 "우리는 추운 얼음 위에서 번식한다. 먹이가 있는 바다와 가까우면서도 알을 낳고 품을 만한 단단한 얼음이 있는 지역은 점점 사라지고 있다. 기미니가 이주해오는 것도 문제지만, 우리 황제펭귄이 설 땅조차 없어지고 있는 현실이 가장 심각하다"며 깊은 우려를 토로했다.

꾹꾸펭귄 역시 기후변화의 여파를 심각하게 겪고 있다. 해양 온도 상승으로 인해 크릴 개체 수가 급감하면서 먹이 확보에 어려움을 겪고 있는 꾹꾸펭귄은 "꾹꾸섬에 꾹꾸는 이제 200개체뿐이고 기미니 8천여 개체가 섬을 점령했다"며 "이제 꾹꾸섬은 우리에겐 너무 덥다. 그렇다면 우리는 더 추운 황제펭귄 서식지로 가야 하느냐"고 탄식했다. 턱끄니펭귄(턱끈펭귄)도 마찬가지다. 해안선이 바뀌어 안전한 번식지를 잃은 턱끄니는 "기미니가 우리가 수백 년 동안 살아온 땅을 차지하려 하고 있다. 아직 우리는 물러설 곳이 없다"며 분노를 표출했다. 기미니는 "북쪽의 해수 온도가 지나치게 상승해 더 이상 새끼들을 안전하게 키울 수 없었기에 부득이하게 새로운 영토로의 이주를 선택했다"며 이주가 불가피했다는 견해를 밝혔다.

남극 펭귄 원탁회의에서는 심해지는 종 간 갈등을 우려하고 있다. 각 종의 대표들이 모여 향후 생존 전략과 갈등 해소 방안을 논의하는 가운데, 기미니의 대규모 이주가 기존 질서의 붕괴와 새로운 경쟁 구도 형성을 불러일으키고 있다는 분석이 제기되고 있다.

과학자들은 이번 기미니의 이주가 앞으로 남극 생태계 전체에 걸친 더 큰 변화를 예고한다고 경고한다. 실제로 최근 대기 중 이산화탄소 농도가 증가하고 온실가스 배출이 늘어 빙하가 무너지고 해류 흐름이 바뀌는 이상 현상이 빈번해지고 있다. 2010년 서남극해 멜츠 빙하에서 3,200km^2 규모의 빙산이 떨어져 나간 사건 이후, 2023년에도 2천 km^2에 달하는 거대한 빙산이 분리되면서 남극 해양 순환에 커다란 변화를 낳았다. 이런 극심한 기후변화는 우리를 둘러싼 먹이사슬뿐 아니라 남극 생태계 전반에 광범위한 영향을 미치고 있다.

남극 반도 해양 생태계에도 변화의 징후가 감지되고 있다. 해빙 면적 감소와 크릴 개체 수 급감은 우리뿐 아니라 바다표범, 해양 조류 등 다양한 해양 생물에게도 연쇄적인 영향을 미칠 가능성이 크다. 유럽연합(EU) 기후관측기관 코페르니쿠스는 2023년 1월 기준 남극 해빙 면적이 1,700만 km^2로 측정되어 관측 사상 최저치를 기록했다고 발표하며, 기후변화의 심각성과 남극의 영향을 다시 한번 입증했다.

펭귄사회연구소는 "기미니의 안데르

해안의 기미니펭귄 ⓒ 초록배

손섬 정착은 단순한 이동이 아니라, 남극 생태계 전체가 새로운 질서로 재편되고 있음을 시사한다"며, "우리는 수십 년, 심지어 수백 년 동안 한 지역에 머물러왔으나, 이제 단 한 세대 만에 완전히 다른 환경으로 이동해야 하는 상황에 직면해 있다"고 설명했다.

이런 상황 속에서 펭귄사회 내부의 갈등도 점차 고조되고 있다. 일부 펭귄은 서로를 밀쳐내며 생존권을 두고 격돌하는 모습이 포착되고 있으며, 이는 향후 종 간 충돌로까지 번질 위험을 내포하고 있다. 황제펭귄은 "우리도 얼음을 따라 더 남쪽으로 가야 하지만, 아직 준비가 부족해서 기다리는 중"이라며 "기미니가 이렇게 갑자기 이주하면 우리는 준비도 없이 밀려나게 될 것"이라고 우려하고 있다. 턱끄니 역시 "상호협의도 없이 서식지를 옮기는 건 침략이다. 펭귄사회의 중재가 필요하다"고 호소했다.

현재 남극 펭귄 원탁회의에서는 각 종의 대표가 긴급회의를 소집해 앞으로의 생존 전략, 해양 보호구역 설정, 인공 둥지 설치 및 먹이 확보 방안 등 다양한 대책을 모색 중이다. 전문가들은 이 회의가 펭귄사회를 하나로 묶는 해결책을 제시할 수 있을지, 아니면 오히려 종 간의 갈등을 폭발시키는 도화선이 될지 귀추가 주목된다고 분석한다.

이처럼 기미니펭귄의 안데르손섬 정착과 함께 드러난 남극 펭귄사회의 내부 갈등은 단순히 한 종의 서식지 이동을 넘어 기후변화가 초래한 전체 생태계 재편의 서막임을 알린다. 기후변화로 인한 얼음판 감소, 극심한 온도 상승, 그리고 이산화탄소 농도 증가 등은 우리 펭귄들뿐만 아니라 남극 생태계 전반에 걸쳐 깊은 영향을 미치고 있으며, 앞으로 각 종이 어떤 생존 전략을 채택할지 궁금증을 자아내고 있다.

한편, 일부 기미니는 여전히 북쪽에서 서식지를 유지하려 애쓰고 있으나, 바닷물 온도가 계속 올라 서식 환경이 개선될 기미가 없다. 과학자들은 "현재의 속도로 기온이 상승한다면, 앞으로 50년 안에 기미니펭귄의 서식지가 남극반도 이남으로 전부 이동할 가능성이 크다"며 기후변화가 가져올 미래의 극적인 변화를 경고하고 있다.

결국, 기미니의 이주와 그로 인한 종 간 갈등은 우리에게 단순한 서식지 이동 이상의 문제, 즉 지구온난화와 인간 활동으로 인한 환경 변화의 심각성을 여실히 보여주는 신호탄이다. 남극의 얼음이 녹아내리고 해양 생태계가 급변하는 이 시점에 우리는 앞으로 어떤 선택을 하고 새로운 질서를 만들어가야 할지, 또 어떻게 공존의 길을 모색할지 귀추가 주목된다.

> **이슈**
>
> # 꾹꾸펭귄, 기후변화의 그림자 아래 생존을 외치다!
>
> 반복되는 이상해류 현상으로
> 새끼 펭귄 몰사 사태 거듭돼

(남극 페트렐섬 발) 남극 바다의 변덕스러운 기후가 우리 펭귄의 생존을 위협하고 있다. 지난해 페트렐섬의 꾹꾸펭귄 번식지에서는 1만 8천 쌍에 달하던 꾹꾸가 평년보다 100km² 넓은 얼음 지대에 맞서야 하는 비극적인 상황이 벌어졌다. 펭귄사회연구소의 분석 결과, 기후변화로 인해 갑자기 형성된 거대한 빙판으로 인해 부모 펭귄이 먹이를 찾아 서식지에서 바다까지 100여 km를 더 이동해야 했다. 그런 탓에 사냥을 나선 부모의 귀환은 일주일 이상 늦어졌고, 뒤늦게 돌아와서 보니 3만 6천여 마리 새끼 중 단 두 개체만이 살아남는 참

바다에서 사냥하고 돌아온 아델리펭귄이 대부분 숨을 거둔 새끼 펭귄들을 보고 슬픔에 빠져 있다.
ChatGPT로 생성한 이미지

사가 벌어졌다.[1]

꾹꾸는 오랜 세월 자신들의 번식지를 지켜왔으나, 급격하게 변화하는 기후와 이상기상 현상 앞에서는 더 이상 예전의 안정된 생활을 유지하기 어려워졌다. 지난 50년간 남극의 평균기온은 약 3℃ 상승하며 얼음이 녹는 양상도 예측할 수 없이 다양해졌는데, 일부 지역에서는 얼음이 오히려 늘어나는 현상이 발생했다. 특히 페트렐섬 주변 해류 변화와 얼음 확장이 꾹꾸펭귄 번식 환경을 극도로 열악하게 만들었다. 미국 델라웨어대학교 연구진이 2016년 「사이언티픽 리포트」를 통해 경고한 바와 같이, 이런 현상이 지속된다면 2099년에는 꾹꾸펭귄 개체 수의 60%가 소멸할 전망이다. 실제 꾹꾸는 사라지고 있다. 꾹꾸의 천국으로 불리던 꾹꾸섬조차 이제는 기미니의 차지가 되었다.

이런 비극은 단순히 꾹꾸 한 종의 문제가 아니다. 남극에 사는 우리 모두 기후변화의 영향을 공유하고 있으며, 꾹꾸의 고통을 자기 일처럼 받아들이고 있다. 황제펭귄은 번식에 적당한 낮은 기온과 커다란 얼음을 찾아 남극 내륙으로 이동하고 있어 바다로 사냥을 떠나는 일에 큰 부담을 느끼고 있다. 프랑스의 기후 연구팀이 발표한 최근 보고서는 이번 페트렐섬 주변의 급격한 얼음 확장은 대기 중 이산화탄소 농도 증가와 온실가스 배출이 주요 원인임을 지적하고 있다. 또한, 해양 순환의 변화와 먹이사슬의 불균형 역시 꾹꾸의 번식 성공률 저하로 직결되고 있다. 이런 연구 결과는 기후변화가 단순히 온도 상승이나 얼음 면적 감소의 문제가 아니라, 남극 전체 생태계의 균형을 무너뜨리는 치명적인 요인임을 명확히 보여준다.

꾹꾸펭귄이 겪은 이번 비극은 과거 2013년 사례와 유사하다. 당시에도 부모 펭귄들은 수백 킬로미터에 달하는 거리에도 불구하고 먹이를 구하기 위해 힘겨운 여정을 감행했으나, 혹독한 환경 앞에 새끼들의 생존율은 극도로 낮았다. 이런 역사는 이번 사건이 우연이 아니라 기후변화가 가져온 구조적 문제임을 암시하며, 이런 일은 언제든, 누구에게나 일어날 수 있다.

현재 남극 펭귄 원탁회의에서는 꾹꾸를 비롯한 여러 종의 생존 위기를 공동의 문제로 인식하고, 즉각적인 대응 방안을 모색하고 있다. 각 종의 대표들은 인공 둥지 설치, 해양보호구역 확대, 국제 기후변화 대응 협력 강화 등 다양한 대책을 논의 중이다. 펭귄뉴스는 이런 회의와 연구 결과를 꾸준히 취재하여 기후변화로 인한 우리 남극 생태계의 급격한 재편과 펭귄사회의 변화를 신속하게 전달하겠다.

분석

크릴 어선에 수탈된 우리의 미래

매년 기미니펭귄 85만 개체의 1년 치 먹이를 빼앗기다

기미니펭귄 85만 개체가 1년 동안 먹을 수 있는 크릴을 매년 인간이 빼앗아 가는 것으로 분석되었다. 남극해양생물자원보존위원회(CCAMLR)가 발행한 2023년 남극해 어업활동 보고서[2]에 따르면, 2023년 한 해에만 선박 9척이 남극해에서 크릴 총 42만 4,203톤을 잡아갔다. 이는 몸집이 작은 기미니펭귄 85만 개체, 몸집이 큰 황제펭귄 42만 개체가 1년 동안 섭취할 수 있는 양이다.

크릴을 가장 많이 어획한 국가는 노르웨이로 전체의 67%인 28만 5,132톤을 어획했다. 뒤를 이어 중국 7만 2,591톤(17%), 대한민국 3만 5,781톤(8%), 칠레 1만 8,723톤(4%), 우크라이나 1만 1,976톤(3%) 순이었다.

크릴은 단순한 먹이가 아니다. 여러 인간 문명에서 쌀을 주식으로 삼는 것처럼, 크릴은 우리 펭귄과 고래·물범·앨버트로스 등 남극 생명체의 먹잇감이자 남극 먹이사슬의 기저다. 크릴이 줄어들면, 우리 펭귄만이 아니라 물범, 고래, 바닷새 등 다양한 생물이 생존위기에 처한다. 우리는 먹이를 찾기 위해 더 먼 바다까지 나가야 하고, 이는 새끼 생존율 감소로 이어진다. 실제로 최근 몇 년

우리나라 국적 선박 '세종호'가 남극에서 크릴을 잡아들이고 있다. 이 모습을 그린피스 활동가가 쌍안경으로 관찰하고 있다. ⓒ 초록배

ⓒ Pixabay, pexels

간 꾹꾸와 턱끄니 개체 수가 감소하고 있는데, 크릴 감소가 그 원인 중 하나로 지목되고 있다.

특히 크릴 조업의 80%는 바다가 열리는 봄·여름에 집중되었는데, 우리의 산란기 1~5월과 겹쳐 남극 생태계에 미치는 영향이 두드러진다. 해양 온도 상승과 빙하 감소로 인해 크릴 개체 수 총량이 줄어들고 있는 상황에서 대형 선단의 과도한 어획은 남극 생태계의 씨를 말리는 원인 중 하나로 꼽히고 있다.

어선들은 크릴만 어획하는 데 그치지 않는다. 크릴을 잡는 과정에서 바다표범, 해양 조류, 작은 어류 등이 함께 포획되는 '혼획' 문제가 심각하다. 보고서에 따르면, 2023년 크릴 조업 과정에서 혹등고래, 남극도둑갈매기, 남극물범 등이 그물에 걸려 희생되었다. 특히 2021년에는 혹등고래 3마리가 크릴 어망에 걸려 목숨을 잃기도 했다.

혼획은 단순한 사고가 아니라 구조적인 문제다. 어업 선박들이 크릴을 대량으로 어획하기 위해 사용하는 대형 트롤망이 해양 동물들에게 치명적인 위협이 되고 있다. 생태계를 고려하지 않는 무분별한 어획 방식이 지속된다면, 우리의 친구들인 해양포유류와 바닷새들도 점점 사라질 것이다.

펭귄연합은 최근 어자원 감소를 막기 위해 세 가지 대책과 요구를 인간사회에 제시했다.

하나, 크릴 어획 총량 제한 강화

남극해양생물자원보존위원회(CCAMLR)는 어획 한도를 현재 62만 톤에서 절반 이하로 줄여야 한다.

둘, 산란기 보호 조치 강화

현재 크릴 어업은 1월부터 5월 사이에 집중된다. 이는 우리 펭귄이 번식하고 새끼를 기르는 시기와 겹친다. 이 기간 어획을 제한해야 한다.

셋, 해양보호구역(MPA) 확대

크릴 주요 서식지인 남극반도 인근 해역을 보호구역으로 지정하여 상업 어획을 금지해야 한다.

우리 펭귄이 목소리를 내기 시작했다. 크릴이 사라지면 펭귄의 미래도 없다. 인간의 욕심이 우리 가족을 위협하는 현실을 직시하고, 지금이라도 보호 조치를 강화해야 한다. 그렇지 않으면, 펭귄은 굶주림과 생태계 붕괴로 인해 사라질 위험에 처할 것이다. 지금 당장 행동하지 않으면, 내년에도 우리의 먹이가 사라질 것이다. 이런 가운데 펭귄연합은 인간사회를 향해 직접 행동에 나서고 있다.

국제

펭귄 대표단, UN정상회의서 호소

"감히 어떻게 그런 짓을 할 수 있습니까?"
남극 펭귄들의 절박한 외침, 인간 세상에 전해

UN 기후행동 정상회의장을 방문한 남극 펭귄 대표단이 인간의 기후변화 책임을 묻는 연설을 하고 있다.
ChatGPT로 생성한 이미지

기후변화를 맞닥뜨린 펭귄들이 국제무대에서 행동에 나섰다. 지난달 UN 기후행동 정상회의장을 방문한 '남극 펭귄 대표단'은 기후변화의 심각성과 책임을 거론하며 인간사회를 향해 "감히 어떻게 그런 짓을 할 수 있습니까?(How dare you?)"라는 제목으로 연설했다. 대표단은 "턱밑까지 들이닥친 기후변화에 더 이상 침묵할 수 없다"며 "이 모든 위기의 원인인 인간이 당장 행동에 나서라"고 촉구했다.

"저는 여기 있으면 안 됩니다. 저는 바다 건너 남극에 있어야 합니다"라고 말문을 연 대변인 '아르투로'의 연설은 시작부터 인간의 관심을 끌었다. 2019년 UN 기후행동 정상회의 연단에서 "저는 여기 있어서는 안 됩니다. 저는 바다 건너 학교에 있어야 합니다"로 시작한 스웨덴 환경운동가 그레타 툰베리의 연설을 떠올리게 한 까닭이다. 두 연설의 제목과 내용은 거의 똑같다. 당시 툰베리가 자신과 동 세대를 언급한 '미래 세대'라는 단어를 '동물들'로 바꾸어 동물들의 기후 피해를 강조한 까닭이다.

연설을 들은 한 청중은 "툰베리를 통해 미래 세대를 인식했고, 아르투로를 통해 인간이 다른 종과 공존하고 있음을 인식했다"며 "기후변화의 책임은 인간에게 있으며, 미래 세대와 다른 종을 위해서라도 그 대응을 미뤄서는 안 된다"고 말했다.

다음은 아르투로의 연설문 전문이다.

"우리는 수만 년 동안 남극을 터전으로 살아왔습니다. 나는 여기 있으면 안 됩니다! 나는 차가운 남극 바다를 자유롭게 헤엄치며, 먹이를 구하고 자식들을 키워야 합니다. 하지만 인간이 선박을 몰고 오고, 기름을 쏟아내고, 우리의 먹이인 크릴을 닥치는 대로 빼앗아가면서 우리의 삶은 나락으로 떨어졌습니다. 이제는 생존 자체가 어려워지고 있습니다. 나를 이곳까지 오게 만든 것은 바로 인간입니다! 당신들은 어떻게 이럴 수 있습니까? 우리 펭귄들은 고통받고 있습니다. 펭귄들이 죽어가고 있습니다. 우리의 생태계가 붕괴하고 있습니다. 우리는 대멸종의 시작점에 있습니다. 그런데도 당신들이 말하는 것은 돈과 영원한 경제 성장이라는 동화 같은 이야기뿐입니다. 어떻게 그런 짓을 할 수 있습니까?

지난 30년 동안 당신들이 자랑스러워하는 과학은 분명한 메시지를 전달했습니다. 그런데도 당신들은 여전히 눈앞에 보이는 것만 보고 행동하지 않습니다. 당신들은 우리가 당신들을 믿기를 바랍니다. 하지만 나는 그럴 수 없습니다. 만약 당신들이 정말로 우리를 이해했고, 그러고도 행동하지 않았다면, 그것은 정말로 사악한 일입니다. 마지막까지 저는 그리되지 않으리라 믿고 싶습니다.

지금 우리는 대량 배출 감축을 위한 수치들을 알고 있습니다. 그렇지만 어떤 해결책도 보이지 않습니다. 왜냐하면 그 수치들은 당신들에게 불편하기 때문입니다. 당신들은 이 모든 문제를 해결할 수 있고, 기후위기를 극복할 수 있다고 말합니다. 하지만 지금 이대로는 해결의 조짐이 없습니다. 눈앞의 위기를 직시해야 합니다.

당신들이 실망하게 한 것은 우리 펭귄뿐이 아닙니다. 당신들은 오늘의 펭귄과 미래에 있을 펭귄, 그리고 고래, 물범, 갈매기, 독수리, 사자, 코뿔소, 기린, 산양, 낙타, 메뚜기, 침팬지, 나비, 거미, 반딧불이, 딱정벌레 등이 지구를 공유하는 모든 종과 미래의 그들을 배신했습니다. 만약 당신들이 우리를 외면하고 계속해서 실패하는 길을 선택한다면, 우리는 절대로 용서하지 않을 것입니다. 우리는 여러분이 도망가도록 내버려두지 않을 것입니다. 바로 여기에서 그 변화가 시작되기를 원합니다. 지금, 이 순간부터.
감히 어떻게 그런 짓을 할 수 있습니까? (How dare you?)"

펭귄 대표단은 공식 요구서를 통해 "남극해는 단순한 얼음 바다가 아니다. 지구의 심장이며, 우리 모두의 생명을 지탱하는 곳"이라며 "남극해 전역을 해양보호구역으로 지정하여 크릴 등 어자원을 보호하고, 선박 운항을 제한하여 기름 유출 위험을 통제하라"고 요구했다.

남극해 보호를 위한 우리의 외침이 국제사회를 움직일 수 있을지, 전 세계가 펭귄 대표단의 용기 있는 행보에 주목하고 있다.

대담 남극 지킴이 '35년 펭귄 어르신이 전하는 협력과 보호의 메시지

최장수 펭귄 아투안이 펭귄뉴스와 인터뷰하고 있다.
ChatGPT로 생성한 이미지

턱끄니펭귄 15년, 꾹꾸·기미니·임금펭귄 20년, 황제펭귄 30년. 우리 펭귄의 평균 수명이다. 인간 세상으로 들어가 안락한 철창 안에서 지내면 50년도 산다지만, 혹독한 남극 바다에서는 길어야 20년이다.

자, 무려 35년! 올해로 35세를 맞는 기록적인 최장수 펭귄 어르신이 계시다. 요즘 부쩍 기운을 잃으셔서 서둘렀다. 35년간 남극을 지킨 '아투안' 어르신의 혜안을 어렵게 지면에 옮긴다. 아투안 어르신은 황제펭귄으로 1989년 서남극 로스해 인근에서 출생했다. 5세부터 번식을 시작해 27년간 알을 쉰네 개체 출산했는데, 그중 서른다섯이 무사히 성체로 성장했다. 지금은 자녀 중 열여덟이 생존해있다.

지난 35년 생애를 한마디로 압축한다면?

'조화와 협력'. 이게 전부지요. 제가 오래 산 것 외에 특출난 건 없습니다. 대개 펭귄이 그렇듯 우리는 대규모 집단 속에서 살아갑니다. 서식지를 공유하며 서로 보호하고 협력합니다. 암수가 협력해서 알을 품고 양육하는 것은 물론, 다른 이들의 자녀를 공동 양육하기도 하지요. 맹추위가 닥치면 둥글게 모여 서로 보듬고, 바깥에서 칼바람을 맞은 동료에게 번갈아 따뜻한 안쪽 자리를 내어줍니다. 펭귄은 오직 조화와 협력의 결과물입니다.

가장 기억에 남는 일은 무엇인가요?

자연은 늘 위험천만하고, 펭귄은 늘 촉각을 예민하게 유지합니다. 때론 바다사자와 물개, 고래의 공격을 받지만, 그야 일상다반사죠. 그런 일이 있을 때마다 촉각을 벼리지요.

헌데 언제부터였나. 아, 사실 그 일은 제가 알로 태어난 해에 처음 일어났다고 들었어요. 1989년, 인간이 타고 온 바하마 선적 '바하마 리퍼블릭호(Bahama Republic)'가 우리 번식지 바로 앞바다에 가라앉았어요. 배가 바닷속으로 들어가더니, 그 자리에서 검은 액체가 무려 25만 L*나 흘러나왔다고 해요. 이 검은 액체는 몇 날 며칠씩이나 뿜어져 나오더니 온 해안을 검게 물들였어요. 꾹꾸펭귄과 물범 서식지가 가장 큰 피해를 봤죠. 펭귄과 물범 모두 냄새 지독한 검은 옷을 입고 다녔죠. 연안 물속은 한치도 보이지 않아서 도저히 헤엄을 치지도 못했다고 합니다. 우리 부모님은 제대로 사냥을 떠나지도 못했죠. 그래서 제가 영양실조로 이렇게 작게 자랐고, '얇고 길다'는 말처럼 내가 작은 체구 덕에 장수한다나 뭐라나.

*기름 25만 L를 우유갑에 담아 이어 눕히면 북한 개성시에서 서울 강남역에 닿는 양이다.

> 선박 기름 유출이 어르신께서 태어나던 해에도 있었네요?

맞아요. 헌데 저는 그런 이야기를 전설 속 재앙으로 여기며 살았어요. 유년 시절 기억에 지독한 냄새와 어떤 끈적이는 느낌은 있었지만, 대부분 잊었으니까요. 그런데 그런 일이 요즘 잦아지고 있어 걱정입니다. 다들 아시겠지만, 2007년 노르웨이 크루즈선 '엠피레스 엔드버호'가 빙산과 부딪혔죠. 이 사건을 필두로 2009년에는 '펭귄 익스플로러호'가 고장으로 기름을 바다에 뿌렸고, 2010년 '바르다호(MV Vardah)' 사고 5천 L, 2011년 '베가 7호'가 좌초해서 기름 15만 L, 2015년 신시어호(MV Sincere) 8천 L, 2017년 서던 데스터니호(Southern Destiny) 1만 L, 2018년 '솔라 리바호' 12만 L, 2020년 폴라스타호(MV Polar Star) 1.5만 L, 2023년 아틱익스플로러호(Arctic Explorer) 1.2만 L. 휴… 이렇게 늘어놓으니 사고가 줄줄입니다. 인간은 대체 얼마나 많은 기름을 남극해에 뿌렸단 말인가요. 우리 펭귄의 털이 검은 게 기름을 뒤집어쓴 탓이 아닌가 생각할 정도입니다. 우리 펭귄은 인간의 만행을 두 눈으로 똑똑히 보았고, 지금도 지켜보고 있고, 앞으로도 보고 있을 겁니다. 아이고, 어깨가 결리는 걸 보니 금방 또 사고가 생길 것만 같구려….

> 맞습니다. 뭐, 2~3년마다 기름 유출 사고가 있었네요. 추세를 보면 당장 사고가 발생해도 이상하지 않겠는데요?

맞아요. 요즘 들어 배들이 부쩍 많이 보여요. 예전에는 남극에서 물범이나 고래를 잡는 배가 종종 보였다는데, 요즘은 관광선에, 연구조사선에, 어선까지. 인간의 발길이 남극 구석구석을 헤집고 있어요. 남극해는 지구상에서 가장 청정한 해양 생태계를 유지하고 있

는 지역 중 하나로, 수많은 해양 생물이 의존하는 중요한 서식지입니다. 지난 수십 년간 선박 사고로 기름이 유출되면서 남극해는 심각한 위협을 받고 있어요.

> 남극에서 기름 사고가 유독 위험한 까닭은 뭐죠?

남극해에서 기름 유출 사고가 발생하면, 그 피해를 고스란히 떠안는 건 우리 남극 생물들이죠. 배에서 기름이 흘러나오면 저온 환경 때문에 표면으로 떠올라요. 우리 펭귄을 포함한 다양한 해양 생물이 기름을 뒤집어쓸 수밖에 없어요. 특히, 어린 펭귄들은 치명적인 손상을 받을 수 있고, 부화 후 생존 가능성은 극히 낮아집니다. 무엇보다 여기 남극해는 저온 환경으로 인해 오염 물질의 분해 속도가 느리고, 오염된 지역이 스스로 회복하기까지 다른 지역보다 긴 시간이 필요합니다. 크릴 같은 작은 해양 생물이 기름에 노출되면 개체 수가 감소하고, 이를 먹이로 삼는 펭귄, 고래의 생존에도 영향을 미쳐요. 남극 전체의 균형이 무너집니다.

무엇보다, 여태껏 인간이 기름 유출 사고를 제대로 수습한 사례가 없어요. 사고가 발생해도 인간이 접근할 수 없잖아요. 우리는 천혜의 서식지를 지켜야 하고, 그러기 위해서는 인간 스스로 남극을 함부로 손대지 못하도록 남극해 보호협약을 만들어야 합니다.

> 그나저나 인간이 우리 남극 곳곳에 제멋대로 이름표를 붙였다는데, 어떻게 생각하세요?

아주 중요한 문제입니다. 인간이 우리 마을 앞섬을 '디셉션섬'이라 부른답니다. 검은 바람의 고향을 '반달만'이라 부르고, 반짝이는 빛의 물결섬을 '리빙스턴섬', 고래의 안식처섬을 '그리니치섬', 바다사자의 해협을 '브란스필드해협'이

남극반도 해안의 바다사자가 그린피스 선박이 항해하는 모습을 지켜보고 있다. ⓒ 초록배

라고 한답니다. 뭐, '디스커버리만', '파라다이스만', 이런 이름들이 다 붙어버렸대요. 식민지가 된 느낌입니다.

그래요, 지구의 지배자는 인간이 틀림없어요. 우리 펭귄은 고작 이 남쪽 바다를 지킬 뿐이에요. 그렇지만 여긴 인간이 살 수 없어요. 듣자 하니 인간 세상에서도 남극을 소유한 사람이나 국가는 없습니다. 인간의 영역이 아니란 말입니다. 제 것이 아니라면, 까닭 없이 탐내지 말고 있는 그대로 지켜주는 게 진정한 강자가 아닐까요?

> 말씀을 들어보니 우리의 주권도 있다는 생각이 드네요.

맞아요. 여기는 펭귄과 고래, 물범의 땅입니다. 1년의 절반은 해가 뜨지 않는 어두컴컴하고 매서운 세상이에요. 우리 펭귄과 고래, 물범, 크릴, 못된 도둑갈매기가 남극의 주인이라는 걸 알려야 해요. 그런 면에서 이번에 우리 대표단이 인간 국제연합에서 연설한 건 아주 의미심장합니다.

> 앞으로 우리 펭귄이 어떤 역할을 해야 할까요?

우리는 인간사회에 강력하게 요구해야 합니다. 소리 내지 않으면 저들은 우리 펭귄이 여기서 눈 똑바로 뜨고 지켜본다는 것도 잊을 겁니다. 인간은 남극해를 해양보호구역으로 지정해서 기름 유출 사고와 해양 오염을 예방할 수 있도록 도와야 해요. 해양보호구역이 지정되면, 특정 어업과 선박 운항이 제한되거나 금지될 수 있어요. 우리 남극이 안전하게 회복하는 바탕이죠. 우리 펭귄뿐만 아니라 바다코끼리와 고래, 그리고 정말 못된 도둑갈매기 등 모든 남극 생명체에게 큰 도움이 될 겁니다. 무엇보다 남극 생태계를 지키기 위해 우리 펭귄이 서로 단합해야 합니다. 유출 사고의 위험을 분명히 인지하고 그에 대한 예방 조치를 마련해야 합니다. 우리의 소중한 서식지를 보호하기 위한 연대와 노력을 시작해야 합니다.

조화와 협력. 우리 펭귄은 온 삶으로 이 덕목을 실천합니다. 우리가 혹독한 극지에서 살아남는 비밀을 이제 인간과 나누고, 그들과 협력하고 조화하여 지구를 지키는 일이 우리의 사명입니다.

ⓒ Pixabay, pexels

권 여러분 많이 놀랐죠? 남극 근방에는 우리나라 세종호를 비롯해 노르웨이·중국·칠레·우크라이나에서 온 어선들이 보이네요. 크릴을 잡겠다고 이 멀리까지 찾아왔습니다.

크릴은 남극 생물의 소중한 양식입니다. 저희 동양 사람에게 쌀이 주식이듯, 크릴은 펭귄과 고래·물범·앨버트로스 등 남극 생명체의 먹잇감입니다. 일본이 식민 조선에서 쌀을 빼앗았던 것처럼, 지금 우리 인간은 남극 생명체의 먹이를 빼앗고 있습니다. 펭귄 여러분에게는 불행하게도, 남극 크릴 어업은 1961년 이래 최대 호황입니다. 인간이 크릴을 이용해 오메가3 지방산 건강보조제와 낚시 미끼, 반려동물 사료 등을 많이 찾기 시작한 탓입니다. 노르웨이와 중국·우크라이나·칠레 그리고 우리 대한민국 등이 이 바람에 가세했습니다. 이런 까닭에 남극 크릴은 위기에 처했습니다. 1970년대 이후 크릴의 개체 수가 80% 정도 감소한 것으로 추정되는 보고서도 나왔습니다.

크릴은 공기 중에서 흡수한 이산화탄소를 배설물과 함께 심해에 가라앉힙니다. 영국 남극 자연환경연구소(British Antarctic Survey)는 크릴이 매년 이산화탄소 2,300만 t을 흡수한다고 설명합니다. 영국 전체 가정집이 1년간 배출하는 온실가스에 버금가는 양입니다. 남극 크릴의 개체 수가 감소하면 지구 온난화는 더 빨라질 수밖에 없습니다. 그린피스는 남극해양생물자원보존위원회(CCAMLR)에서 남극해 일대가 해양

기미니펭귄 한 쌍이 남극 해안에서 이동하고 있다. ⓒ 초록배

보호구역으로 지정되기를 촉구하고 있습니다. 남극에서 크릴을 잡는 건 수탈인 동시에 기후변화를 악화시키는 일입니다.

 # 사냥과 수탈, 오염의 역사

펭귄 여러분과 우리 인간의 조우는 본래 자연에서는 있음직하지 않습니다. 우리의 만남은 있어서는 안 되었을까요? 여기 인간이 찾아오는 것 자체가 비정상이죠. 사실 오늘날에도 여기 남극에 오는 길은 험난합니다. 인천공항을 출발한 저는 13시간 비행 끝에 미국에 닿았고, 대여섯 시간 후 다시 9시간 비행해 칠레의 수도 산티아고에 도착했어요. 거기서 네댓 시간을 보내고 다시 6시간 비행기를 탔습니다. 그제야 남극과 가까운 땅끝 도시 푼타아레나스에 도착했습니다. 거기서 나흘을 보내고 일주일을 항해한 끝에 여기 남극반도에 도착했죠. 비행에만 이틀, 항구에서 기다리고 배를 탄 걸 합하니 보름쯤 되네요.

여행은 긴데다 험난하기까지 했습니다. 푼타아레나스를 떠난 배는 마젤란 해협을 빠져나와 대서양 남쪽 끝 혼곶(Cape Horn)을 지났습니다. 파도가 험상궂기로 뱃사람들이 전 세계에서 손에 꼽는 바다입니다. 수평선에서 마지막 등대의 불빛이 사라지기 무섭게 배는 앞뒤 좌우로 마구 흔들리기 시작했습니다. 배는 파도에 쉽게 흔들리고, 엔진·환풍기 소음으로 가득합니다. 선원과 활동가 등 34명은 좁은 방 2층 침대에서 배의 묵직한 진동에 끼니를 잇지 못했습니다. 배를 오래 탄 저도 끼니를 거르기 일쑤였습니다. 실은, 고백하자면 배 타는 평생 두 번 속을 게워냈는데, 남극해 입구가 바로 그중 하나였습

니다. 정말이지 닷새 넘도록 위장은 고문당하는 느낌, 머리는 사경을 헤매는 느낌이었습니다. 그런 고생 끝에 만난 남극의 아름다움은 사막을 헤맨 끝에 만난 오아시스, 천로역정 끝에 만난 천국이랄까요?

사람들이 이토록 힘든 여정을 견디면서 남극까지 꾸역꾸역 찾아오는 까닭은 무엇일까요? 인간의 활동에는 늘 목적이 있죠. 1786년 영국의 토머스 델라노가 남극에서 물범 사냥을 시작한 이래 1892년까지 물범 사냥선 1,100여 척이 남극을 찾았습니다. 이른바 남극의 '물범 사냥 시대'입니다. 이후 포경의 시대가 이어졌습니다. 1994년 상업 포경이 중단될 때까지 남극에서 혹등고래와 밍

그린피스 환경감시선 옆으로 추정 높이 60m쯤 되는 거대 유빙이 지나가고 있다. ⓒ 초록배

크고래, 향유고래 등 150만 마리의 고래가 작살을 맞고 죽었습니다. 오죽하면 '포경원의 해변(Whaler's Bay)'이라는 곳이 있을까요. 대체 얼마나 많은 혹등고래와 흰수염고래, 향유고래, 바다표범과 물개가 도살됐는지, '150만'이라는 숫자를 차마 헤아릴 수 없습니다. 고래 1천 마리가 1,500번 죽어야 150만이 된다면 조금 피부에 와닿을까요.

최근에는 굉음과 배기가스를 내뿜는 대형 어선이 여러분 펭귄·바다코끼리의 서식지 가까이 다가갑니다. 그린피스가 지난 5년간 크릴 어선이 이동한 경로를 추적한 결과, 어선들은 해안에서 30km 이내의 완충지대를 넘어 펭귄 서식지에 접근하고 있습니다. 이곳은 여름에 펭귄·바다코끼리 등 남극해 동물들이 먹이를 찾고, 겨울이면 어류가 알을 낳는 곳입니다.

배들은 오염되지 않은 원시의 바다에서 연료를 옮기기도 합니다. 저는 남극에 도착하자마자 파나마 어선과 우크라이나 어선이 배에서 배로 연료를 옮기는 걸 목격했습니다. 만일 사고가 나면 돌이킬 수 없습니다. 실제로 2014년 2월 24일 대한민국 트롤 어선 광자호가 여기 남극해에서 좌초했습니다. 1989년, 2007년, 2010년, 2011년, 2017년, 2018년, 2020년, 2023년에 각각 선박 사고로 기름이 유출되기도 했고요. 남극 생명들은 이렇게 상존하는 위협을 머리맡에 두고 삽니다. 남극에서 기름 유출 사고가 나면 어디서 방제팀이 긴급 출동해서 흘린 기름을 말끔히 닦아주지 않습니다. 고스란히 남극 구석구석 퍼져나갑니다. 기온이 낮아 자연분해도 늦습니다. 우리가 남극을 더 아끼고 보살펴야 하는 까닭입니다.

남극의 하늘은 뻥 뚫렸습니다. 중·고등학교 교과서에도 실린 오존층 이야기입니다. 우리 인간이 환경에 미치는 영향을 알지도 못한 채 프레온 가스를 마구 쓴 탓이지요. 냉장고와 자동차, 스프레이가 없는 남극에서 한번 파괴된 오존층은 회복되지 않고 있습니다. 지금 남극해는 지구상에서 가장 빠른 속도로 기후변화의 영향을 겪고 있습니다. 서남극은 세계에서 가장 빠르게 온난화가 진행되는 지역 중 하나입니다. 남극반도 평균 기온은 지난 50년간 약 3°C 올랐습니다. 여러분 펭귄과 물범은 까닭 모른 채 기후변화의 피해자가 됐습니다. 지금 우리 인간은 아무것도 모른 채 지구를 망가뜨리고 있습니다. 앞서 프레온 가스 사례처럼 뒤늦게 알고 후회할지도 모르죠.

참고자료

1) 김기성 (2017.10.14.). 남극 펭귄 번식지의 '눈물'… 새끼 수천 마리 죽고 2마리 생존. 연합뉴스.

2) CCAMLR Secretariat. (2024.3.3). Fishery report 2023: Euphausia superba in Area 48. Hobart, Tasmania, Australia: Conservation of Antarctic Marine Living Resources (CCAMLR).

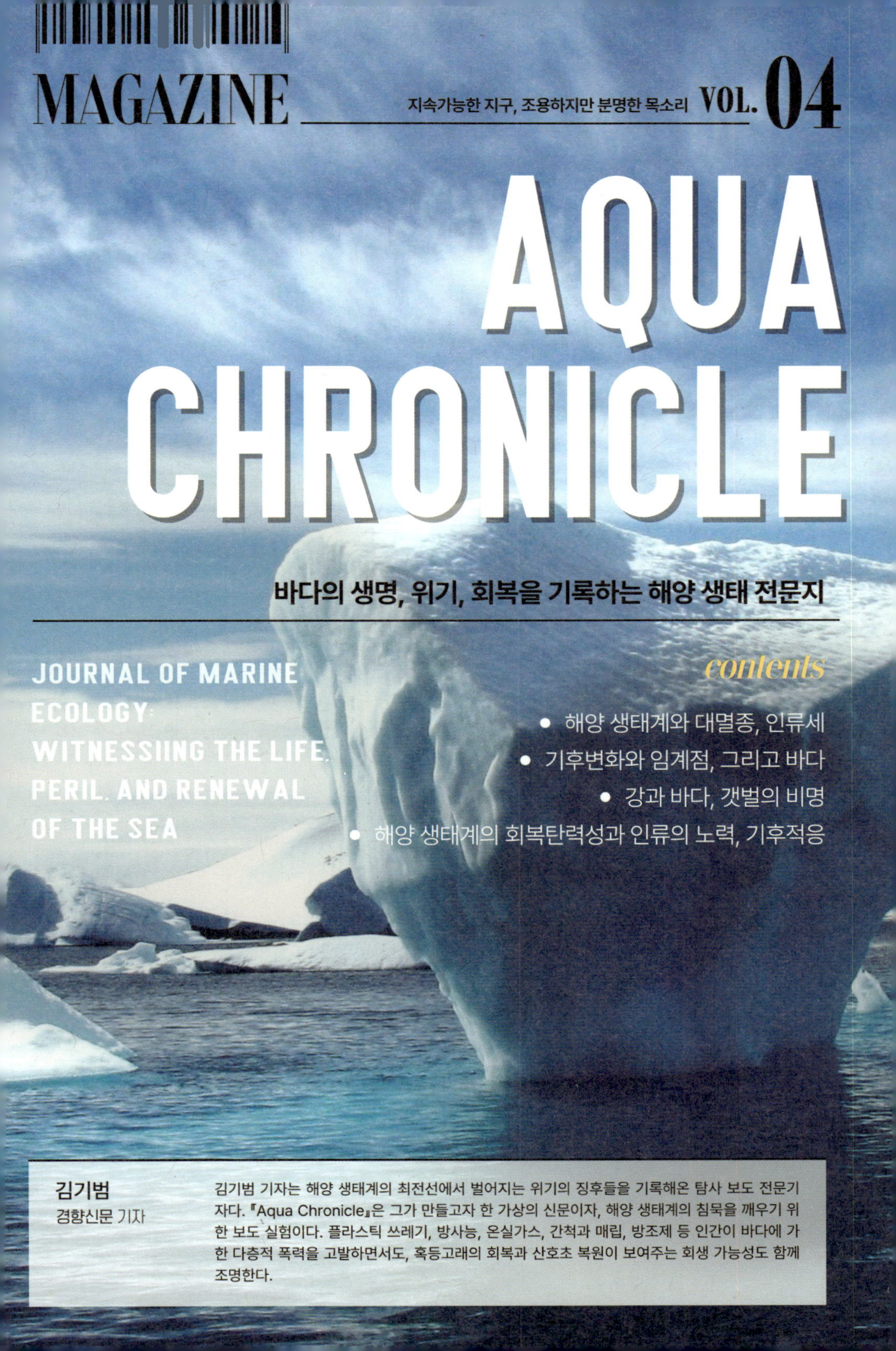

MAGAZINE

지속가능한 지구, 조용하지만 분명한 목소리   VOL. 04

AQUA CHRONICLE

바다의 생명, 위기, 회복을 기록하는 해양 생태 전문지

JOURNAL OF MARINE
ECOLOGY:
WITNESSIING THE LIFE,
PERIL, AND RENEWAL
OF THE SEA

contents

- 해양 생태계와 대멸종, 인류세
- 기후변화와 임계점, 그리고 바다
- 강과 바다, 갯벌의 비명
- 해양 생태계의 회복탄력성과 인류의 노력, 기후적응

김기범
경향신문 기자

김기범 기자는 해양 생태계의 최전선에서 벌어지는 위기의 징후들을 기록해온 탐사 보도 전문기자다. 『Aqua Chronicle』은 그가 만들고자 한 가상의 신문이자, 해양 생태계의 침묵을 깨우기 위한 보도 실험이다. 플라스틱 쓰레기, 방사능, 온실가스, 간척과 매립, 방조제 등 인간이 바다에 가한 다층적 폭력을 고발하면서도, 혹등고래의 회복과 산호초 복원이 보여주는 회생 가능성도 함께 조명한다.

지속가능한 지구, 조용하지만 분명한 목소리

해양 생태계와 대멸종, 인류세

'여섯 번째 대멸종과 인류세'는 생태계 관련 취재를 해본 기자들 가운데 기후위기에 대해 어느 정도 관심을 갖고 있는 이들이 어느 순간엔가 만나게 되는 개념들이다.

현장 취재와 문헌 취재 등을 하다 보면 약 45억 년의 지구 역사에서 이미 일어난 다섯 차례의 대멸종(Great Dying)에 이어 여섯 번째 대멸종으로 가는 방아쇠를 인류가 이미 당겼다는 징후가 곳곳에서 나타나기 때문이다.

국내 해안에서 사체로 발견된 바다거북
ⓒ 김기범 기자

인류가 대량으로 배출하고 있는 이산화탄소는 고생대 페름기 말기에 일어난 대멸종과 비슷한 양상을 현재 지구상에서 일으키고 있고, 이는 지구상의 다양한 생물종이 빠르게 감소하는 결과를 낳고 있다. 이산화탄소를 비롯한 온실가스로 인한 지구 가열화는 인류가 지구 곳곳에서 자행하고 있는 생태계 파괴와 맞물려 멸종하는 동식물의 수를 빠르게 증가시키고 있는 실정이다.

바다거북의 소화기관에서 발견된 대북 선전물
ⓒ 김기범 기자

예를 들어 멕시코 국립자치대와 미국 스탠퍼드대 공동연구진은 2017년 7월 『미국국립과학원회보(PNAS)』에 기존에 학계에서 추정했던 것보다 동물의 멸종 속도가 훨씬 빠르다는 논문을 발표했다. 지금까지 알려져 있는 척추동물의 절반가량에 해당하는 약 2만 7,600종에 대한 국제자연보전연맹(IUCN)의 자료를 분석한 결과, 3분의 1가량의 동물종에서 개체 수가 최고 절반까지 줄어들었다는 내용이었다. 멸종위기종으로 분류돼 있지 않은 종에서도 개체 수 감소는 우려할 만한 수준이었다.[1]

불과 100년도 안 되는 시간 동안 전 지구를 오염시킨 플라스틱은 온실가스와 함께 인류세의 가장 강력한 징표로 거론된다. 심해부터 고산지대, 극지방까지 오염되지 않은 곳이 없다는 얘기가 나올 정도인 플라스틱은 온실가스, 방사능 오염과 함께 인류가 지구에 대해 저지른 3대 죄악으로 꼽아야 할지도 모를 지경이다.

기자가 국내의 취재 현장에서 만난 동식물 중에도 다수가 플라스틱으로 인해 죽음을 맞았거나 체내가 플라스틱으로 오염돼 있었다. 그 가운데서도 가장 큰 안타까움을 자아냈던 해양동물은 바로 바다거북이다. 2018년 기자는 국내에서 처음 시행된 바다거북의 과학적 부검 현장에 유일한 취재진으로 참여한 바 있다. 그 현장에서 기자는 인간의 추악함이 생태계에 어떤 예기치 못한 악영향을 끼치는지를 두 눈으로 똑똑히 목격한 바 있다.

바다거북 부검이 실시된 2018년 4월 17일 충남 서천 동물병원 부검실에는 냉동 상태였던 바다거북의 사체가 녹으면서 풍기는 악취가 가득했다. 연구자들은 "이 정도 냄새는 양호한 편"이라고 말했지만, 처음 겪어보는 기자는 마스크를 쓰고도 견디기 어려웠다. 이날 실시된 부검에서는 모든 바다거북의 사체에서 다양한 이물질이 쏟아져 나왔다. 대부분의 바다거북 폐사체에서 플라스틱, 비닐, 철망, 코르크 등의 이물질이 확인됐다. 인간이 만들고 바다에 버린 이물질 가운데 그물,

낚싯줄, 비닐 등 바다거북이 소화시킬 수 없는 폐기물들은 바다거북의 장기에 그대로 들어 있었다.

그런데 한 바다거북의 장에서는 부검에 참여했던 연구진과 기자를 놀라게 한 쓰레기가 있었다. 부검 중 나온 딱딱한 비닐 재질 쓰레기에 글자가 잔뜩 적혀 있었다. 바다거북의 체액을 씻어내고 들여다본 비닐 쓰레기에는 북한 정권을 원색적으로 비난하는 내용이 깨알 같은 글씨로 빼곡히 적혀 있었다. 아마도 접경지역에서 극우단체들이 북한으로 보내곤 하는 비닐 재질 전단, 일명 '삐라'였을 것으로 추정된다.

해당 단체들은 자신들이 북한 인민에게 대형 풍선 등으로 띄워 보내는 삐라가 바다거북의 장에 심각한 장폐색을 일으켜 목숨을 잃게 하는 결과를 낳을 것이라고 상상해본 적이나 있을까. 알더라도 아마 어쩔 수 없는 희생이라고 여길지도 모르겠지만 말이다.

바다거북은 다양한 민담과 설화, 동화 속에 등장하는 친숙한 동물이지만, 대부분 시민에겐 국내 바다 어디에 서식하는지 잘 알지 못하는 해양동물이기도 하다. 바다거북이 국내 연안에 나타난다는 것을 아는 이들도 국내에는 잠시 거쳐가는 정도일 뿐 일본과 대만 등 한반도보다 더 따뜻한 지역에 사는 동물이 아니냐는 반응을 보이기도 한다.

이 같은 통념과 달리 바다거북은 12월에서 2월 사이 기온이 매우 낮아지는 겨울철을 제외하곤 연중 국내 바다에서 확인할 수 있는

바다거북은 자신이 태어난 모래 해안을 정확히 기억하고 돌아오는 습성이 있는데도 17년째 산란을 위한 귀향이 확인되지 않고 있다. 그뿐만 아니라 제주 해안에서는 최근 3년간 매년 평균 30마리 정도의 바다거북이 사체로 발견되고 있기도 하다.

바다거북 ⓒ Pixabay, pexels

멸종위기 해양 포유류 점박이물범이 인천 옹진군 백령도 주변 암초에서 쉬고 있다. ⓒ 김기범 기자

동물이다. 특히 제주는 그리 멀지 않은 과거에 바다거북이 해안에서 산란했다는 기록이 남아있는 지역이다. 예를 들어 제주 서귀포의 중문 해안사구는 2007년까지 바다거북의 산란이 목격됐던 곳이다. 붉은바다거북이 해안에 산란하는 모습은 1998년 중문 해안사구에서 처음 확인됐다. 이후 2007년까지 총 네 차례에 걸쳐 중문에서 산란이 목격된 바 있다.

중문을 비롯한 제주 해안에 바다거북이 돌

아오지 않는 이유에 대해 전문가, 환경단체들은 무분별한 개발로 인해 바다거북이 돌아오기 어려운 환경으로 바뀌었기 때문으로 보고 있다. 중문해수욕장의 경우 바다거북이 돌아오는 시기에도 많은 관광객이 밤늦게까지 물놀이를 즐기는 데다 인근 호텔의 지나치게 밝은 불빛, 탐방로 불빛 등이 바다거북의 귀환을 막는다는 것이다.

기자와 함께 2024년 6월 중문 해안을 돌아본 마쓰자와 마사요시 일본바다거북협의회 회장 겸 시코쿠수족관 관장과 오키 가즈키 아마미 해양생물연구회 회장 겸 아마미고래·돌고래협회 회장은 해수욕장 인근 호텔 등에서 설치한 탐방로의 푸른색 야간조명등 색을 교체할 필요가 있다고 제안했다. 현재 중문해수욕장 인근 탐방로의 데크에는 푸른색 조명이 촘촘히 설치돼 있는데, 푸른색 불빛은 바다거북이 싫어하는 색이라는 것이다. 이 일본 전문가와 주민은 불빛을 바꾸는 등의 노력으로 일본 현지에서 바다거북의 귀환을 이뤄내는 데 기여했던 이들이다.

이는 바다거북을 비롯한 해양생물들에게 인위적 요인이 위협을 가할 수 있음을 보여주는 동시에, 인간의 작은 배려가 어떤 긍정적 영향을 끼칠 수 있는지를 보여주는 사례이기도 하다.

2020년 1월 취재했던 국내 첫 고래 부검 현장에서도 기자는 고래의 체내에서 끊임없이 플라스틱 쓰레기가 나오는 광경을 목격했다. 제주 한림항에서 실시된 제주대, 한양대,

세계자연기금(WWF), 해양동물생태보전연구소(MARC) 등의 참고래 부검 연구에서는 다수의 해양쓰레기가 확인됐다.

2019년 12월 한림읍 비양도 인근에서 죽은 채 발견된 새끼 참고래의 체내에서는 낚싯줄이 발견됐고, 소화기관에서는 해양 부표

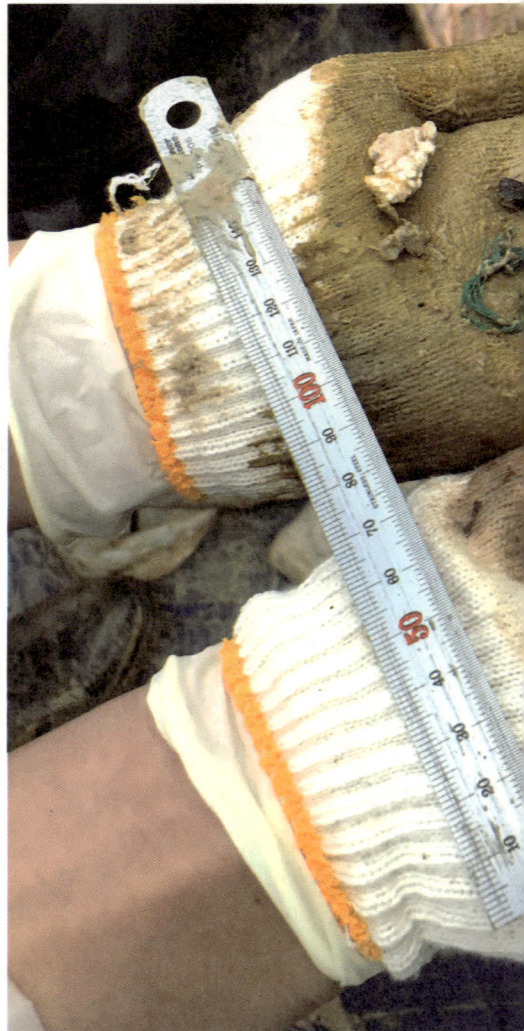

참고래 소화기관에서 나온 플라스틱 쓰레기들 ⓒ 김기범 기자

에서 떨어져나온 것으로 추정되는 스티로폼이, 먹이를 걸러내는 수염에서는 초록색 나일론 재질의 끈들이 다수 확인됐다. 태어난 지 1년 정도밖에 안 됐음에도 인간이 버린 해양쓰레기를 피할 수 없었을 만큼 해양오염이 심각하다는 것을 새끼 고래의 사체는 온몸으로 보여주고 있었다. 전문가들은 이 새끼 참고래의 경우 젖을 뗀 지 얼마 안 된 개체임에도 체내에서 숱한 플라스틱이 나온 것은 그만큼 바다에 부유하고 있는 쓰레기가 많다는 것을 나타낸다고 설명했다.

이 참고래는 발견 당시 밍크고래로 여겨져 고래고기로 유통될 뻔했으나 유전자 분석 결과 멸종위기 참고래로 확인됐다. 덕분에 다행히도 부검 연구가 이뤄지게 됐다. 길이 약 12.6m, 몸무게 12t인 이 참고래는 함께 이동하던 무리에서 떨어져 홀로 남은 개체로 추정된다. 참고래는 다 자라면 길이가 20m가 넘는 수염고래로 태어날 때부터 길이가 10m가 넘는다. 고래는 몸집이 크고 수염이 있는 수염고래와 작고 이빨이 있는 이빨고래로 분류된다.

참고래는 세계자연보전연맹(IUCN) 적색목록상 취약(VU) 범주에 포함돼 있는 동물로, 전 세계에 남아 있는 개체 수는 10만 마리 정도로 추산된다. 세계 전체로 보면 멸종 직전까지는 아니지만, 동아시아 주변 해역에서는 포경으로 인해 지역 절멸위기에 놓인 동물이다. 하지만 아직 국내에서는 참고래가 어디서 번식하고, 어떤 먹이를 먹고, 어디서 어디까지 회유하는지 등에 대한 연구가 거의 이뤄져 있지 않다. 참고로 이 참고래의 골격 표본은 현재 제주민속자연사박물관 로비에 전시돼 있다.

기자가 직접 목격한 것은 아니지만, 인천 옹진군 백령도 어민들에 따르면 4~10월 사

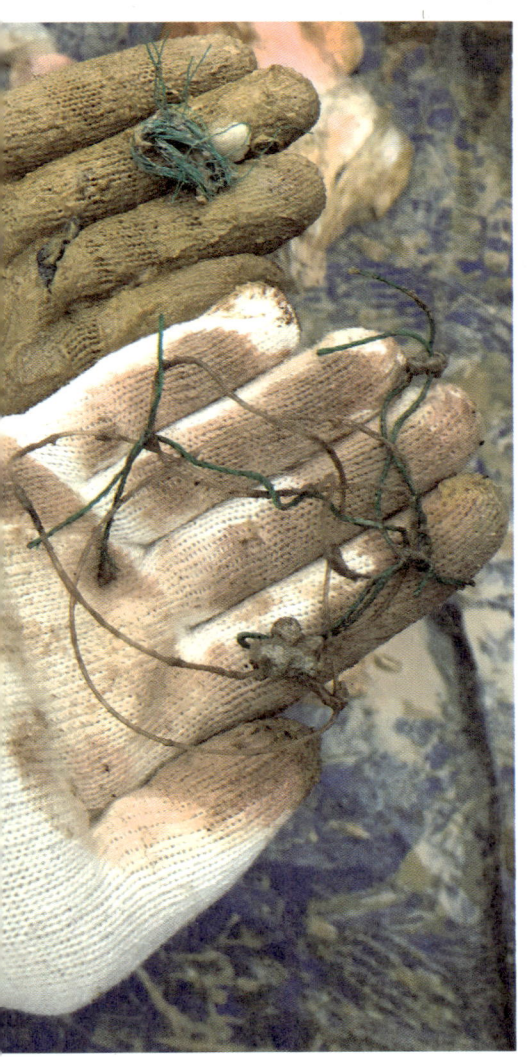

이 백령도에서 주로 머무는 멸종위기 점박이물범이 폐그물에 걸려 죽을 뻔한 것을 한 어선 선장이 구해준 사례도 있다. 이 선장은 배를 타고 가다가 한 암초 위에 점박이물범이 그물에 걸려있는 것을 목격했다. 당시 만약 발견되지 않았다면 점박이물범은 만조 때 익사했을 가능성이 커 보인다. 바닷물 속을 자유롭게 헤엄쳐 다니는 점박이물범이지만, 어디까지나 포유류이기에 그물에 걸리면 죽음을 맞게 될 수 있다.

이 점박이물범은 다행히 구출됐지만, 다수의 상괭이나 돌고래들이 국내 해안 곳곳에서 그물에 걸린 채 죽어가고 있다. 흔히 '토종 돌고래', '웃는 돌고래'라고 불리는 상괭이는 몸길이가 1.5m 정도로, 돌고래 중에서도 몸집이 작은 편에 속하는 해양포유류다. 국제자연보호연맹(IUCN)과 멸종위기 야생동식물의 국제거래에 관한 협약(CITES)에 따라 멸종위기에 처한 해양생물로 지정돼 있는 국제적 멸종위기종이지만, 국내에는 아직 많은 수가 남아있는 탓에 멸종위기종으로 분류돼 있지 않다. 남해안과 서해안에선 비교적 흔하게 볼 수 있으며, 북한과 중국 보하이만에도 서식하고 있다.

이 소형 돌고래가 국내에서 위기를 맞게 된 것은 불법포획 때문으로 추정된다. 고래연구센터 분석에 따르면, 우리나라 인근 바다에 서식하는 상괭이 수는 2005년 약 3만 6천 마리에서 2011년 1만 3천 마리로 63.9%가량 감소했다. 서해와 남해 연안에서 그물에 걸려 폐사하거나 폐사한 개체가 뭍으로 밀려오는 경우가 매년 1천 마리에 달한다. 혼획의 희생양이 된 상괭이 고기가 불법적으로 유통되는 탓에 전문가들은 국내에서 팔리고 있는 고래고기의 대부분이 상괭이 사체일 것으로 추정하고 있다.

이로 인해 해양수산부는 상괭이를 「해양생태계 보전 및 관리에 관한 법률」에 따라 해양보호생물로 지정했다. 특히 상괭이를 죽음으로 몰아넣는 그물은 '안강망'이다. 점점 좁아지는 이 그물 속에 갇힌 상괭이는 빠져나갈 수 없고, 결국 질식해 죽게 된다. 해수부와 국립수산과학원 등이 상괭이의 탈출이 가능한 안강망을 개발하여 보급하고 있지만, 아직까지 큰 성과가 나타나지는 않고 있다.

이처럼 위기를 맞은 해양동물들 가운데 인간에 의해 매우 운 좋게 구출되는 해양생물은 극히 드물 것이다. 또한 폐사체가 인간에게 발견되는 사례는 인위적 요인으로 인해 죽음을 맞은 전체 폐사체 가운데 매우 적은 비율일 것이다. 플라스틱 쓰레기로 인해 위기를 맞은 다수의 해양생물은 그대로 고통스러운 죽음을 맞을 것이고, 그들 중 다수는 극심한 고통을 겪다가 사망하고 부패해 자연으로 돌아갈 가능성이 매우 크다.

지금 이 순간에도 바다거북, 참고래, 점박이물범, 상괭이 등 다양한 해양생물이 인위적 요인으로 인해 목숨을 잃고 있고, 이는 이들 생물종의 멸종을 시시각각 앞당기고 있다. 그리고 생물종 멸종 속도의 가속화로 설명되는 지구 생태계의 생물다양성위기는 기후위기, 환경파괴로 인한 위기와 함께 인류의 생존마저 위협하고 있다. 이 세 가지 위기가 3대 위기로 꼽히는 까닭이다.

이는 우리의 일상과 먼 공간인 바다에서 일어나고 있는 죽음들이 결코 우리와 무관하지 않다는 것을 의미한다. 이들 생물종의 죽음은 우리에게 더 이상의 죽음을 만들지 말라는 호소이자 우리에게도 위험이 다가오고 있다는 경고이기도 하다. 우리 인류가 이 경고음에 얼마큼이나 민감하게 반응하고 있는지, 얼마나 절실하게 느끼고 있는지 깊이 고민해볼 필요가 있다.

문제는 한국 사회 구성원들을 포함해 지구상에 살아가고 있는 인류 대부분이 다양한 생물의 죽음과 멸종을 남의 일처럼 여긴다는 것이다. 바다거북과 돌고래 등이 죽어가고 있다는 소식에 안타까움을 표시하기는 하지만, 내 일은 아니라는 것이다. 해양생물들의 안타깝고 참혹한 죽음을 알리는 기사에 "인간이 미안해", "사람은 지구의 기생충이다"라는 댓글을 남기는 정도가 대부분 시민의 생물다양성위기에 대한 반응이다.

물론 기자는 이 같은 반응에 대해 시민의 잘못이라며 질책하려는 것은 아니다. 오히려 이 정도 반응에서 끝나게 만든 언론인들과 정부, 지자체, 전문가들의 책임을 묻고 싶다. 즉, 기후위기와 생물다양성위기, 환경파괴로 인한 위기 등을 연결 지어 보도하지 않은 언론인, 이런 관점에서 환경정책을 만들지 못한 정부, 지자체, 그리고 이를 제대로 지적하지 못한 전문가 등의 잘못 때문이라는 얘기다. 이는 정부, 지자체, 전문가 등이 시민의 높아진 환경 눈높이를 따라잡지 못하는 현실을 보여주는 내용이기도 하다.

> **용어 설명**
>
> ***대멸종**: 지구 역사 동안 총 다섯 차례 일어난 대량 멸종 사건을 의미한다. 고생대 오르도비스기 말 약 83%의 생물종이 멸종했던 1차부터 고생대 말 데본기 말 2차 멸종(약 70% 생물종 멸종), 고생대 페름기 말 3차 멸종, 중생대 트라이아스기 말 4차 멸종(약 70~75% 멸종), 공룡이 멸종한 약 6,600만 년 전 중생대 백악기(약 75% 멸종)의 5차 멸종까지가 포함된다.
>
> ***인류세**: 이미 지구의 지질시대가 홀로세를 지나 인류세(人類世, anthro-pocene)에 접어들었으며, 인류 때문에 대멸종이 진행 중이라는 주장이다. 1995년 노벨 화학상을 수상한 대기화학자 파울 크루첸이 2000년 처음 제안한 개념이다. 자연계에 존재하지 않았던 플라스틱, 핵실험의 흔적, 대량생산·소비된 뒤 버려진 닭 뼈 등이 인류세의 대표적인 지질학적 특징이 될 것이라는 내용이 핵심이다. 아직 인류세는 학계에서 공인된 개념이 아니지만, 생물종 멸종의 속도가 인류에 의해 가속화되고 있다는 것은 여러 연구 결과에서 이미 정설로 받아들여지고 있다.

녹고있는 빙하 ⓒ Pixabay, pexels

녹고있는 빙하 ⓒ Jean-Christophe André, pexels

과학자들은 기온이 1.5~2°C 넘게 오를 경우 서남극 빙상이 불안정해질 것으로 예상하고 있다. 2°C 미만에서는 서남극 빙상의 일부만 녹을 것으로 추정된다.

북극의 해빙은 빙상과 달리 바닷물이 얼어서 해수면에서 불연속적으로 움직이는 얼음 조각들을 말한다. 온난화가 진행되면서 최근 북극의 여름 및 겨울 해빙 범위는 명확하고 일관된 감소 추세를 보이고 있다.

위성 관측에 따르면 1979~1988년에 비해 2010~2019년 9월 북극 해빙 면적은 40%(620만 → 380만 km^2) 감소했고, 3월에는 10%(1,450만 → 1,340만 km^2) 감소한 것으로 나타났다. 또 2011~2020년 동안 북극의 연평균 해빙은 1850년 이후 가장 낮은 수준을 기록했다.

바다코끼리 ⓒ Tomáš Malík, pexels

상승하게 된다. 이미 1992~2020년 사이 그린란드 빙상은 약 4,900Gt(기가톤)의 얼음을 잃어버린 것으로 추정된다. 같은 기간 남극 빙상은 약 2,700Gt이 사라져버렸다. 2000년 이후 일어난 빙상의 손실은 주로 온난화에 따라 표면이 녹고, 이에 따라 얼음이 유출되는 양이 증가했기 때문으로 보인다.

─── 이 같은 해빙의 손실은 표면 알베도 효과(태양광 반사)를 막으면서 지구온난화를 가속화하는 결과를 낳는다. 이로 인해 지난 수십 년간 북극의 표면온도는 지구 평균보다 두 배 이상 증가했다. ───

또한 북극 해빙 손실은 용해된 담수에서 대기와 해양 사이의 이산화탄소 교환을 촉진하는데, 이는 해양 산성화를 초래한다.

새끼곰 ⓒ Robert Anthony Carbone, pexels

> **해양 표면의 산성화 현상은 극지방과 아극지방에서 가장 크게 관측되고 있다. 이는 극지 생태계의 생물다양성 손실과 지역 주민의 생계 및 식량안보 등에 심각한 위험을 야기할 수 있다. 또 영구 동토층의 해빙 속도와 남극 빙상 손실에 기여할 가능성이 있다.**

실제로 영구 동토층에서는 빠른 붕괴가 관측되고 있다. 영구 동토층은 지표면 인근(3~4m) 및 지하에 있는 영구 동토 및 암석을 지칭한다. 영구 동토층은 북반구의 25% 및 지구 노출 지표면의 17%를 차지하는데, 북극 지역의 경우 영구 동토층에 수천 년간 축적된 유기탄소가 존재한다. 영구 동토층이 붕괴될 경우 대량의 이산화탄소와 메탄이 방출될 가능성이 있는 셈이다. 지구온난화로

북극곰 ⓒ Pixabay, pexels

인해 발생한 빙하 손실이 영구 동토층 붕괴를 일으키고, 이로 인해 대기 중에 증가한 온실가스가 다시 온난화를 부추기는 악순환이 일어날 수도 있다.

과학자들은 지구 북반구 동토층에 고정돼 있는 탄소가 약 1,700Gt에 달하는 것으로 추정하고 있다. 이는 대기 중 탄소의 두 배에 달하는 양이다. 만약 영구 동토층에서 탄소 분출 현상이 발생할 경우 향후 100년이 넘는 기간 동안 이 현상을 돌이킬 수는 없을 것으로 보인다. 갑작스러운 붕괴에 따른 유출량은 이산화탄소 888Gt, 메탄 5.3Gt 등으로 예상된다.

그러나 과학자들이 추정하는 온난화 방지를 위한 잔여 탄소량은 이산화탄소 400Gt(1.5°C 상승 제한), 1,150Gt(2°C 상승 제한)에 불과하다. 영구 동토층이 붕괴되면 더 이상 온난화를 막기 어려울 수도 있는 셈이다. IPCC는 6차 평가보고서에서 지구 기온이 1.5~2°C 상승할 경우 3m의 동토층이 50%까지 감소할 것으로 내다봤다.

영구 동토층 손실의 위협은 온실가스만이 아니다. 동토층에 갇혀 있었던 감염병 바이러스, 세균 등의 방출로 보건상 위험이 발생할 우려도 있다. 실제 2016년 러시아에서는 순록에서 70년 만에 탄저병 발생이 보고된 바 있다. 이때 2천 마리 이상의 순록이 떼죽음을 당했는데, 과학자들은 이상고온으로 영구 동토층이 녹으면서 탄저균에 감염된 동물 사체가 공기 중으로 노출되면서 바이러스가 퍼졌다고 보고 있다. 탄저균 외에도 영구 동토층에 숨어있는 다른 병원체들이 동토층이 녹아내리면서 해방될 가능성도 존재한다.

> 이 같은 **연쇄적 임계점 초과**는 생태계뿐 아니라 인간의 경제·사회 시스템에도 지대한 영향을 미칠 수밖에 없다. **생태계 변화**는 식량과 물 공급 체계에 영향을 미치며, 이는 **식량을 포함한 생필품 가격상승, 경제구조뿐 아니라 환경난민, 정치적 불안정 등 사회구조에도 광범위한 영향을 초래**하기 때문이다.

이처럼 임계점 초과가 연쇄적으로 발생할 경우 지구에 어떤 일이 발생하는지 우리는 고생대 페름기 말기의 기후변화를 통해 예상해 볼 수 있다. 약 2억 5,200만 년 전인 고생대 페름기 말기에 지구상의 초대륙 판게아에서는 화산 활동과 지진 활동이 극심하게 일어났다. 현재의 시베리아에 해당하는 지역 화산에서 나온 온실가스가 지구 평균기온을 상승시켰다. 약 100만 년 동안 지속된 분화를 통해 100만~400만 km³에 달하는 용암이 지상에 흘러나왔다. 해수면 온도는 약 40°C, 대기 중의 온도는 약 50~60°C까지 치솟았다. 이 시기는 지구 역사상 가장 더웠던 때로 추정된다. 판게아란 대륙 이동설에서 현재의 대륙들이 아직 분화되기 전, 하나의 커다란 대륙을 이루고 있을 때의 이름이다.

당시 전체 생물종 가운데 화산 활동으로 인한 극심한 기후변화를 견뎌내고 후손을 남긴 종은 단 4%뿐이다. 학계에서는 페름기 말기의 대량멸종은 지구에서 생명체가 태어나 진화하는 과정에서 발생한 다섯 번의 멸종 가운데서도 가장 극심한 피해를 입은 것으로 보고 있다.

지구 역사상 최악의 멸종 사태가 일어난 페름기의 대멸종에 대해 학계에서는 대체로 화산 활동과 기온 상승, 산소 부족 등이 원인이 됐다는 데 의견이 일치한다. 우려되는 부분은 페름기의 대멸종 때와 유사한 현상이 현재도 일어나고 있다는 점이다. 특히 대기 중 온실가스가 증가한 페름기 말기의 기후 상황이 현재와 매우 비슷하다는 점이 가장 우려스러운 부분이다. 해수 온도 변화가 대멸종의 방아쇠가 된 저산소 현상을 일으킨 것처럼 현재의 온실가스 증가와 해양 온도 상승이 여섯 번째의 대멸종을 불러일으킬 수 있다는 얘기다.

ⓒ cwizner, pexels

강과 바다,
갯벌의 비명

원래라면 붉은 물결처럼 염생식물 군락이 뒤덮고 있었어야 할 갯벌의 색은 식생이 없을 때인 흑갈색빛으로 가득했다. 동행한 전문가들은 갯벌에 존재하는 칠면초 면적이 예년의 30%밖에 안 되는 것 같다면서 우려를 표시했다.

2024년 8월 13일 돌아본 전북 고창 곰소만 갯벌에선 갯벌을 붉게 물들이는 칠면초가

듬성듬성 자라나 있는 모습이 곳곳에서 눈에 띄었다. 한해살이 염생식물로 대규모로 군락을 이루는 특성을 지닌 칠면초가 광범위한 면적을 덮고 있던 예년과 달리 흑갈색빛 갯벌이 그대로 드러나 있었다. 전문가들은 칠면초가 자라난 면적이 이렇게 적은 데는 발아기인 5월 기온이 큰 영향을 미친 것으로 보인다고 추정했다. 기온이 높아지면서 건조해진 탓에 발아가 제대로 이뤄지지 않았을 것이라는 얘기다. 염생식물은 바닷가 갯벌이나 사구 등 염분이 있는 땅에서 사는 식물을 말한다.

고창 갯벌은 국내 갯벌 중에서도 손꼽힐 정도로 넓은 면적을 자랑하는 곳으로, 람사르습지이자 유네스코 세계자연유산으로 지정돼 있다. 다양한 염생식물을 포함해 많은 동식물이 살고 있으며, 멸종위기 저어새 등 조류의

염생식물인 칠면초 군락이 크게 줄어든 전북 고창 곰소만 갯벌의 모습 ⓒ 김기범 기자

> 기후변화는 갯벌과 염생식물뿐 아니라 **해양 생태계 전체에 다양한 변화**를 일으키고 있다.

서식지이자 도요·물떼새 등 수많은 철새의 중간기착지 역할을 하는 곳이기도 하다.

전북 고창 심원면의 최고 체감온도가 36.5°C까지 치솟은 이날 돌아본 고창 명사십리 해변 등 연안 곳곳에서는 염생식물 중 일부가 마치 폭염에 그을린 듯 갈색빛을 띤 모습도 눈에 띄었다. 모래지치, 번행초 등 바닷가 사구에서 자라는 식물들이 말라죽거나 시들어가고 있었다. 연구진이 6년째 전국 연안에서 염생식물들을 포함해 생태계 모니터링을 했지만, 이렇게 염생식물들이 말라죽은 광경이 목격된 것은 이때가 처음이었다. 전체적인 염생식물 식생량이 감소했을 가능성도 있다.

전문가들은 사상 최악이라는 악명이 붙은 1994년이나 2018년과 비견되는 2024년 폭염이 연안 생태계에 영향을 미쳤을 가능성을 제시한다. 이 같은 분석은 해양수산부와 해양환경공단(KOEM)이 10년째 실시하고 있는 장기생태모니터링 결과를 통해서도 증명된다. 2015년부터 2022년까지 결과를 담은

『국가해양생태계 종합조사』 보고서를 보면 연평균 기온과 5월 평균기온, 염생식물의 식생량은 음의 상관관계를 가지는 것으로 나타났다. 즉, 기온이 높을수록 식생량은 줄어든다는 뜻이다.[4]

특히 5월 평균기온이 중요한 것은 염생식물 다수가 발아해 갯벌 및 사구 등에 정착하는 시기이기 때문이다. 이때 기온이 높아지면 제대로 발아가 안 되거나 더 빨리 발아해버리는 등의 효과가 일어날 수도 있다. 이날 고창 갯벌에서도 개화가 예년보다 빨리 이뤄진 염생식물들이 확인됐다. 염생식물은 '블루카본'이라 불리는 해양생태계가 온실가스를 저장하는 기능, 즉 블루카본 측면에서 주목받고 있는 식물인데, 이 식물 자체가 위기에 처했다는 사실이 알려진 것은 이때가 처음이었다.

염생식물의 감소는 이 식물을 먹이원으로 하는 저서생물과 어류, 조류 등으로 이어지는 먹이사슬에도 영향을 미칠 수 있다. 이 식물들이 줄면 이들을 분해하는 초식성 저서생물이 줄고, 초식성 저서생물을 먹이로 삼는 육식성 저서생물, 그리고 상위 포식자까지 연쇄적으로 악영향을 받을 가능성이 존재한다는 것이다. 아직까지 한반도의 누구도 예측하지 못했고, 본 적도 없는 현상이 한반도 연안 생태계에 닥쳐올 수도 있는 셈이다.

기후변화는 갯벌과 염생식물뿐 아니라 해양 생태계 전체에 다양한 변화를 일으키고 있다. 오징어 어획량이 급감하고, 명태 서식지가 북상한다는 것과 아열대 어종이 근해에서 자

주 발견되는 현상들은 모두 기후변화로 인한 수온 상승의 영향을 받은 것이다. 독성을 지닌 노무라입깃해파리나 파란고리문어 등 직접적으로 사람에게 해를 끼칠 수 있는 생물들이 연안에서 자주 확인되는 것 역시 기후변화의 영향이다.

이 같은 생태계 변화는 물론 해상의 일만은 아니다. 육상 생태계 역시 기후변화로 인해 처음 겪어보는 위기에 직면하고 있다. 특히 기후변화에 적극적으로 대응하는 경우, 즉 온실가스를 상당히 저감하는 경우와 현재대로 배출하는 경우 국내 생태계가 맞이할 상황은 각각 사뭇 다를 것으로 예상된다.

국립생태원이 2020년 10월 펴낸 『생태계에 대한 기후변화 리스크 평가』 보고서를 보면 현재 추세대로 기후변화가 진행될 때를 의미하는 RCP8.5 시나리오의 경우 국내 산림 생태계에 사는 동식물 전체 4,477종 가운데 약 237종이 위기를 맞을 것으로 예상된다. 반면 온실가스를 상당히 감축하는 것을 의미하는 RCP4.5 시나리오의 경우 위기에 처하는 종은 4분의 1 미만인 57종으로 줄어든다.[5]

또 RCP8.5 시나리오가 실현되면 국내 전체 산림면적 약 6만 7천 km^2 중 절반이 넘는 53%가 건조화로 인해 피해를 입게 된다. RCP4.5 시나리오에서도 피해가 없는 것은 아니지만, 전체의 33% 정도로 줄어들게 된다. 국내 전체 2,500여 곳에 달하는 내륙 습지 가운데서도 RCP8.5 시나리오가 실현되면 120곳의 습지가 큰 피해를 입을 것으로 보이지만, RCP4.5 시나리오에선 32곳 정도만 위험에 처하게 된다.

특히 갯벌은 두 시나리오에서 모두 큰 타격을 입을 것으로 예상된다. 전체 162곳 중 RCP8.5 시나리오에서는 94곳, RCP4.5 시나리오에선 80곳이 위험해진다고 생태원 연구진은 예측했다.

이처럼 기후변화로 인해 생길 수 있는 생태계 영향을 알아채기 위해서는 장기간의 모니터링이 필수다. 과거의 현황을 알아야 생태계가 어떻게 달라졌는지를 파악할 수 있고, 앞으로의 변화를 예측할 수 있기 때문이다. 의미 있는 분석 결과를 얻으려면 30~40년의 자료가 축적되어야 하지만, 아직 국내의 장기생태

> **"** 고창 갯벌은 국내 갯벌 중에서도 손꼽힐 정도로 넓은 면적을 자랑하는 곳으로, 람사르습지이자 유네스코 세계자연유산으로 지정돼 있다. 다양한 염생식물을 포함해 많은 동식물이 살고 있으며, 멸종위기 저어새 등 조류의 서식지이자 도요·물떼새 등 수많은 철새의 중간기착지 역할을 하는 곳이기도 하다. **"**

모니터링은 걸음마 단계다. 길게는 100년 넘는 데이터가 존재하는 선진국과 달리 국내의 국가 단위 장기생태모니터링은 2010년대에야 시작됐다. 해양수산부, 해양환경공단 등과 국립생태원의 조사 데이터가 10년 정도씩 축적돼 있는 상태다. 그 외에는 일부 지역들에 대해 개별 대학의 연구진이 수십 년치 데이터를 갖고 있는 정도가 전부다.

10년은 장기생태모니터링 치고는 짧은 기간이지만 이마저 자료가 축적돼 있지 않았다면 염생식물 군락의 축소 현황과 원인 파악도 불가능했을 가능성이 크다. 전문가들은 과학적 자료를 꾸준히 축적해온 것이 폭염 상황의 염생식물 영향 파악에 크게 기여한 것으로 보고 있다. 앞으로 더 꾸준히, 더 확대해서 장기생태모니터링을 해야 하는 이유다. 그러나 아직 국내의 장기 생태 연구는 아주 초기 단계이고, 특히 필드(현장) 연구는 더 취약한 상태다.

'생물다양성의 보고', '바다의 백두대간' 등으로 불리는 갯벌 훼손에 대한 경고는 사실 어제오늘의 이야기는 아니다. 일제강점기 이후 국내 갯벌의 역사는 간척과 매립, 두 축의 파괴로 점철돼 있다. 경제 논리 앞에 줄어들어 갯벌 면적은 사람의 손을 타기 전과 비교해 절반 수준에 불과한 것으로 추정된다. 원형이 남아있는 갯벌이 드물 정도다.

학자마다 조금씩 다르지만, 일제강점기에 대규모 간척·매립 사업이 시작되기 전 국내의 갯벌 면적은 4,000~4,500km²가량으로 추산되고 있다. 그러나 2019년 해양수산부가 발표한 2018년 현재 갯벌 면적은 55~62% 수준인 2,487.2km²로 급감했다. 서울 면적(605.28km²)의 3배가량이 간척과 매립으로 사라진 셈이다. 대규모 간척사업이 시작된 것은 일제강점기부터다. 일제강점기에 사라진 갯벌은 약 569.3km², 해방 후 1980년대 중반까지 사라진 갯벌은 약 530km²에 달한다. 갯벌 면적이 가장 크게 감소한 시기는 공식적인 정부 통계가 시작된 1987년부터 1997년 사이다. 새만금 208km², 시화지구 180km², 남양만 60km², 영종도 신공항 45km², 송도신도시 16km² 등 모두 810.5km²의 광활한 갯벌이 파괴됐다. 특히 이 시기에 매립·간척 사업이 집중적으로 이뤄진 경기·인천 지역에서는 341km²의 갯벌이 사라졌다. 이로 인

해 1987년까지만 해도 전남과 비슷했던 경기·인천의 갯벌 면적은 2013년 현재 전남의 83.9% 수준으로 줄어든 상태다.

갯벌 잔혹사는 현재도 진행형이다. 정부나 대기업의 매립·간척 사업은 과거보다 규모가 줄어들었을 뿐 여전히 전국 곳곳에서 진행되고 있다. 2019년 해양수산부가 발표한 전국 갯벌 면적 조사 결과를 보면 2018년 갯벌 면적은 2,482km^{2}로 2013년에 비해 5.2km^2 감소한 것으로 나타났다. 이는 여의도 면적의 1.79배에 이른다. 앞선 조사에서는 2013년 갯벌 면적이 2008년에 비해 2.2km^2(여의도 면적의 0.76배) 감소한 것으로 나타난 바 있다. 그만큼 갯벌 감소 속도가 더 빨라졌다는 얘기다. 새만금, 가덕도 등의 신공항 건설 추진 역시 갯벌을 파괴하는 환경파괴 행위들이다.

갯벌이 사라지는 것은 철새를 포함한 해양 생태계에 심각한 악영향을 끼친다. 전문가들은 새만금 개발사업 후 자취를 감춘 도요·물떼새가 수십만 마리에 달하는 것으로 추산하고 있다. 갯벌 면적이 쪼그라들면서 게·조개 등 갯벌을 터전으로 삼는 생물이 급감했고, 갯벌에서 생산되는 수산물 양도 갈수록 줄어들고 있다. 갯벌을 터전으로 삼아 생활을 영위하던 어촌 공동체가 파괴된 사례는 셀 수 없을 정도다. 어촌에서 갯벌은 농촌에서 논밭이나 다름없는 곳이기 때문이다. 갯벌이 사라진 영향에서 인간도 자유로울 수 없다.

해안사구 역시 갯벌과 비슷한 운명을 겪고 있다. 섬 내 해안 전역에 해안사구가 발달해 있는 제주의 경우 훼손되지 않은 사구를 찾아보기 어려울 지경이다. 환경부 국립생태원은 전국의 해안사구를 돌아가면서 조사해 실태 보고서를 펴내고 있는데, 8년 전인 2017년 보고서에서 제주에 해안사구가 14곳 존재하며, 이 가운데 82.4%가 훼손되었다고 평가했다. 해안사구의 훼손은 사구 배후에 자리 잡은 농경지와 마을 등에도 피해를 줄 수 있다. 염분 농도가 높은 물이 지하수에 침투할 우려도 있다.

해안사구는 바다로부터 불어오는 강풍과 거센 파도로부터 육지의 주거지와 농경지를 막아주는 완충구역 역할을 하는 동시에 다양한 염생식물과 곤충, 조류 등의 서식지 역할을

ⓒ 김경복, pexels

한다. 천연의 제방이자 생물다양성의 보고인 셈이다. 해안사구의 식물들은 생태계가 저장하고 있는 이산화탄소를 말하는 '블루카본'으로서도 주목받고 있다. 국내에서 가장 잘 알려진 해안사구인 충남 태안 신두리 사구는 길이 3.4km에 폭이 최대 1.3km로, 천연기념물로도 지정돼 있다.

기자가 2024년 12월 방문했던 제주 서귀포시 안덕면 사계리의 해안은 전형적인 사구 모습이 곳곳에 남아있는 동시에 해안사구의 가치를 몰랐던 시기에 이뤄진 훼손의 양상을 극명하게 확인할 수 있는 곳이다. 기나긴 모래 사장과 모래언덕, 염생식물 군락과 거센 바닷바람을 막아주는 방풍림, 그 너머의 논밭과 마을 등은 사계 해안사구의 규모가 과거 얼마나 컸는지를 짐작 가능케 했다.

하지만 사구와 방풍림을 단절시킨 차도와 인도, 체육시설 등 각종 시설물, 올레길 등이 삼중사중으로 해안사구를 훼손시키고 있었다. 모래 유실을 막기 위해 모래사장에 설치된 모래수집장치는 해안사구가 지금 이 순간도 망가지고 있음을 보여주는 가늠자처럼 보였다. 불과 2km 정도 떨어진 용머리해안이 보호받고 있는 것과 달리 사계리 해안사구는 차도, 보도, 올레길 등으로 인해 계속 훼손되고 있다. 특히 사계 해안사구의 경우 그나마 남아있는 모래언덕도 매일 올레길을 오가는 올레꾼들의 답압으로 인해 원형을 잃어가고 있다.

갯벌과 기수역의 건강성을 유지하기 위해 필수적인 강과 바다의 만남 역시 한국에서는 요원한 얘기다. 4대강에 16개 보가 생기기 전부터 국내의 주요 강 대부분 물길은 이미 막힌 상태였기 때문이다. 4대강사업으로 인해 더욱 상태가 악화되기는 했지만 금강, 낙동강, 영산강, 한강과 그 지천 중 상당수는 이미 오래전부터 수질이 악화되고, 생태계가 제 모습을 잃은 상태다. 주요 하천마다 강과 바다의 만남을 방해하고 있는 하굿둑의 폐해로 인해 낙동강과 금강, 영산강 등의 주변 지역에서는 하굿둑 개방, 해수 유통을 요구하는 목소리가 높아지고 있다.

환경부가 2012년 실시한 하구 연구에서 전국의 하구 463개 중 228개(49.2%)는 막혀있는 것으로 집계됐다. 금강 권역에서는 하천 67개 중 6개(9%)만 바다로 열려있고, 57개 하천이 바다로 흐르는 영산강 역시 19.3%인 11곳만 개방돼 있을 정도다. 금강 권역에 특히 '인공하구'가 많은 것은 이 지역에 농업용 저수지와 하구호가 집중적으로 조성돼 있기 때문이다. 하굿둑이 없어 강과 바다가 만나는 기수역이 비교적 자연스러운 모습을 유지하고 있는 한강의 물길도 근래 서울시가 철거를 전향적으로 검토하고 있는 신곡수중보에 막혀있다.

하굿둑이 강의 끝부분이라면, 보와 댐은 더 위쪽에서 물길을 막고 있다. 국토교통부의 2014년 통계에서 댐은 모두 1만 7,735개에 달한다. 용수도 확보하고 수력발전도 하는 다목적댐 20곳이 전체 저수용량의 68%를 차지하고 있고, 농업용수댐 1만 7,649개, 수력

발전댐 12개, 생활·공업용수댐 54개가 세워져 있다. 한국농어촌공사의 2012년 통계를 보면, 하천 중간중간에서 용수 확보를 위해 물길의 일부 또는 전부를 가로막고 있는 보는 1만 8,108개 정도다. 강의 최상류에는 댐이, 중류와 하류엔 댐과 보들이, 최하류에는 하굿둑이 겹겹이 세워져 강이 바다와 만나지 못하도록 막고 있는 셈이다. "모든 국민은 건강하고 쾌적한 환경에서 생활할 권리를 가지며, 국가와 국민은 환경보전을 위하여 노력하여야 한다"고 규정한 헌법 35조는 강과 갯벌을 만나면서 힘을 잃었다.

염생식물들이 말라죽어 있는 전북 고창 명사십리 해변
ⓒ 김기범 기자

흑등고래
© Elianne Dipp, pexels

해양 생태계의 회복탄력성과 인류의 노력, 기후적응

영화 「어벤져스 엔드게임」 초반부에는 캡틴아메리카가 전 세계 인구의 절반이 줄어든 지 5년이 지나자 미국 뉴욕 허드슨강에서 고래 떼를 봤다고 말하는 대목이 나온다. 배가 줄어들고 수질이 깨끗해지면서, 즉 인간의 영향이 줄어들자 자연이 회복됐음을 의미하는 대사다.

2019년 과학계에서는 마치 영화처럼 인간의 교란 행위가 중단되자 한때 멸종위기에 처했던 고래 수가 원래 개체 수에 가깝게 늘어났다는 연구 결과가 발표됐다. 미국 워싱턴대와 국립해양대기청(NOAA) 등 연구진은 남대서양의 멸종위기 혹등고래 수가 과거 인간의 포경 등으로 인한 위협이 시작되기 전의 93%가량인 약 2만 4,900마리까지 늘어난 것으로 추정된

© Pixabay, pexels

다는 연구 결과를 2019년 10월 영국왕립학회의 오픈 액세스저널 『왕립학회오픈사이언스』에 발표했다. 연구진은 2030년쯤에는 혹등고래 수가 본래의 약 99%까지 회복될 것으로 내다봤다.[6]

혹등고래는 세계자연보전연맹(IUCN)의 멸종위기종 목록인 적색목록에 LC(Least Concern, 관심 필요)로 등록돼 있는 해양포유류다. 이 고래가 멸종위기에 처하게 된 것은 18세기부터 본격적으로 이뤄진 포경 때문이다. 다행히 포경 중단 이후로는 점차 개체 수가 회복되고 있다. IUCN은 현재 혹등고래가 8만 4천 마리 정도 존재할 것으로 추정한다.

인위적 요인으로 멸종위기에 처했던 혹등고래는 인간의 노력 덕분에 다시 개체 수가 늘어나는 행운을 얻었지만, 지구상의 생물종 중 많은 수는 이런 행운을 누리지 못한 채 사라지고 있다. 기후위기, 생물다양성위기, 환경파괴 등 일명 3중 위기가 지구 생태계에 미치는 악영향이 이미 자연의

적응 속도를 넘어선 지 오래이기 때문이다. 특히 인위적 기후변화 속도는 다수 생물종을 멸종의 구렁텅이로 밀어 넣고 있다. 이는 인류가 자연 생태계가 기후변화에 적응하도록 도와야 하는 이유다.

   동아프리카의 탄자니아에 있는 잔지바르 자치령 내 음넴바섬에서 주민이 실행한 산호초 복원 프로젝트는 생태계의 적응 능력을 키운 동시에 주민의 생계에도 긍정적 영향을 끼친 사례라 할 수 있다.

   영국 공영 BBC방송에 따르면 음넴바섬의 산호초는 기후변화로 인한 해수 온도 상승으로 위기에 처한 상태였다. 해수 온도 상승으로 스트레스를 받은 산호초가 산호초 위에 살면서 영양분을 공급하던 해조류를 쫓아내게 됐는데, 해조류가 사라지면 산호도 백화 현상을 거쳐 결국 죽는다는 것이다.

   산호초의 위기가 곧 자신들의 어업, 관광업에도 위기가 될 수 있음을 감지한 주민은 2021년부터 복원 프로젝트를 시작했다. 주민이 비영리단체들과 협력해 산호초를 복원하고, 해양보호구역을 지키는 노력을 시작한 것이다. 다른 지역에서 기른 산호초를 이미 산호초가 죽어버린 곳에 이식하는 노력을 기울인 결과, 2024년 6월 현재 산호의 80%가 복원됐다. 주민의 경제활동에도 도움이 되었음은 물론이다. BBC방송은 잔지바르 자치정부가 이 같은 복원 프로젝트를 다른 지역에도 확대할 계획이라고 보도했다.

덴마크의 한 섬에서 진행되고 있는 바닷물 침수 실험 역시 슬기로운 기후위기 적응 사례라고 할 수 있다. 기후변화로 인해 전 지구의 해수면이 상승하고 있고, 그 속도는 갈수록 빨라지고 있는 데다 가까운 미래에 해안가 지역의 상당 부분이 바다에 침수될 것이라는 얘기는 상식이 된 지 오래다. 장기적으로는 온실가스를 저감해 기후변화 속도를 늦추는 게 최고지만, 당장 몰려오는 바닷물을 막을 방법은 제방뿐이다. 뉴욕시가 맨해튼 로워 이스트사이드에서 진행 중인 ESCR(East Side Costal Resiliency, 동부 해안가 복원력) 프로젝트가 바로 거대 제방 건설의 대표적 사례라고 할 수 있다.

뉴욕시는 허리케인 피해를 예방하기 위해 현재 14억 5천만 달러(약 1조 9,285억 원)를 들여 길이 4km, 높이 5m의 방파제를 2026년까지 짓는 공사를 진행 중이다.

> 태평양, 인도양의 섬나라부터 유럽의 영국, 네덜란드 등 국토가 바닷물에 침수되고 있는 나라들도 제방 관련 정책에 힘을 쏟고 있다. 그러나 점점 상승하는 해수면이 언젠가는 제방의 높이를 넘어서버릴 수도 있다는 점을 감안하면 제방은 근본적인 대책이 될 수 없다.

물 밖으로 뛰어오르는 범고래 ⓒ Adam Ernster, pexels

기후변화의 영향 때문은 아니었지만, 기자는 2011년 일본에서 어떤 제방도 자연의 힘을 영원히 막아낼 수는 없다는 사실을 두 눈으로 목격한 바 있다. 2009년 3월 일본 이와테현(岩手県) 가마이시시(釜石市)에 설치된 방파제는 물 위쪽으로 8m, 아래쪽으로 63m 등 세계 최고 높이의 방파제로 기네스북에 등재된 거대 구조물이었다. 길이 1.9km인 가마이시 방파제는 두께 20m의 콘크리트 덩어리로 이뤄져 있으며, 8.5 규모의 지진도 견딜 수 있도록 만들어졌다. 완공에 무려 31년이나 걸린 거대 구조물이기도 했다.

일본 정부와 지자체, 주민 등은 이 제방이 어떤 재난으로부터도 가마이시시를 지켜줄 것이라 믿어 의심치 않았다. 하지만 2011년 3월 11일 오후 2시 46분 발생한 규모 9.0의 동일본대지진은 이 같은 믿음을 송두리째 부숴버렸다. 지진해일(쓰나미)이 덮치면서 방파제 일부를 무너뜨렸고, 가마이시시의 상당 부분을 휩쓸었다. 가마이시시는 이와테현에 있는 작은 해안 도시로 신일본제철의 주요 생산현장이 자리 잡았던 곳이다.

가마이시시의 방파제 사례는 인류가 발생 빈도가 극히 낮은 재난에 대비하기 위해 '웬만한' 재난은 다 막아낼 수 있는 거대 구조물을 지어도 자연의 힘은 항상 이를 넘어선다는 교훈을 보여준다. 지진뿐 아니라 태풍, 집중호우, 가뭄, 산불, 이상고온, 한파 등 전 지구에서 벌어지고 있는 기상 현상 모두 여기에 해당한다.

최근에는 기후변화에 따른 재난으로 인한 피해를 신속하게 체계적으로 복구할 수 있는 회복력(Resilience) 강화의 중요성도 강조되고 있다. 이처럼 지구상 어디에서든, 언제든지 재난이 일어날 수 있음을 인정하고 거기에 대비하는 것은 피해를 줄임과 동시에 주민이 다시 일상을 회복하도록 하는 데 매우 중요한 역할을 한다.

개발도상국들의 경우 대체로 재난에 대한 회복력이 약한 경우가 많고, 이는 재난이 일어났을 때 해당 지역 주민의 삶이 좀처럼 이전 같은 수준으로 회복되지 못하도록 하는 결과를 낳는다.

잊을 만하면 슈퍼태풍이 덮쳐 수백 명이 사망하고, 수십만 명이 피해를 입곤 하는 동남아시아의 대표적 빈곤국 미얀마라든가, 일명 '조드'라고 불리는 가뭄, 폭설, 한파로 인해 유목민이 전 재산이나 다름없는 가축들을 잃고 환경난민으로 전락하고 있는 동북아시아의 빈곤국 몽골이 대표적 사례다. 이는 최근 수년 사이 개최되고 있는 유엔기후변화협약(UNFCCC) 당사국 총회에서 선진국들이 개발도상국들의 기후적응 재원을 더 많이 공여해야 한다고 개발도상국들이 주장하는 이유다. 이 같은 주장은 점점 더 큰 공감대를 얻어가고 있지만, 아직까지는 선진국과 개발도상국 간 금액에 대한 견해 차이가 큰 상황이다.

이처럼 국제사회의 노력이나 합의가 부족한 상황에서 기후위기와 바다에 관해서는 암울한 전망이 많이 나오고 있다는 점은 부정하기 어려운 현실이다. 하지만 다행인 것은 인류가 기후위기와 생물다양성위기, 환경파괴 등 3중 위기에 수수방관하고 있는 것만은 아니라는 점이다. 공해생물다양성협약, '쿤밍-몬트리올 글로벌 생물다양성 프레임워크(GBF)', 유럽연합의 자연복원법 통과 등이 바로 인류가 아직 노력하고 있다는, 포기하지 않았다는 증거들이라 할 수 있다.

일명 '공해생물다양성협약'이라 불리는 유엔 국가관할권 이원 지역의 생물다양성(Biodiversity Beyond National Jurisdiction: BBNJ) 협약은 지구 바다 전체의 64%에 달하는 광활한 공해를 보호하기 위한 최초의 법적 체계에 해당한다. 협약의 중심 내용은 공해의 생물다양성을 보전하고, 해양자원을 공정하고 지속가능하게 이용하도록 하는 것과 2030년까지 공해의 30%를 보호구역으로 지정하는 것이다. 현재 전체 공해 면적 중 보호구역으로 지정돼 있는 것은 2%에 불과하다는 점에서 이 협약의 효력이 발동되면 바다 보호에 큰 도움이 될 것으로 예상된다.

국제사회가 공해의 보호구역을 확대하려는 것은 방대한 양의 탄소를 저장하고 있는 바다를 보호하지 않고 기후위기를 극복한다는 것은 불가능하기 때문이다. 기자가 2024년 9월 직접 인터뷰한 레베카 허바드 하이시스얼라이언스(High Seas Alliance: HSA) 사무총장은 "해양은 우리의 생명을 지탱하고 지지·지원하는 가장 중요한 요소이자 기후위기를 극복하게 하는 요소"라며 "2030년까지 지구 전체 육상과 해양의 30%를 보호구역으로 지정해야 한다고 국제사회가 2022년 합의한 쿤밍-몬트리올 글로벌 생물다양성 프레임워크(GBF)의 달성을 위해서도 이 협약은 매우 중요한 역할을 할 것"이라고 말했다. HSA는 공해 해양생물과 생태계를 보호하기 위한 목적으로 결성된 60여 개 시민단체의 국제연대체다.

허바드 사무총장이 언급한 '쿤밍-몬트리올 글로벌 생물다양성 프레임워크'는 2022년 12월 캐나다 몬트리올에서 열린 제15차 유엔생물다양성협약(Convention on Biological Diversity) 당사국 총회(COP15)에서 회원국들이 합의한 내용이다. 이 합의의 핵심은 "2030년까지 전 지구 육지와 해안, 해양의 30%를 보호구역으로 정해 관리한다"는 것이다. 구체적으로 2030년까지 육상, 하천·호소·저수지 등 내수, 해안, 해양의 최소 30%를 보호구역으로 지정해 보존될 수 있도록 하는 내용이 들어있어 일명 '30×30 목표'라고도 불린다.

이 밖에도 합의 내용에는 생물다양성이 높아 보전 가치가 큰 지역의 손실을 2030년까지 '0'에 가깝게 만들자는 내용도 들어갔다. "황폐해진 육상, 내수, 해안, 해양 생태계의 최소 30%가 효과적으로 복원되도록 한다"는 내용도 포함됐다.

유럽에 국한된 일이긴 하지만, 유럽연합의회가 2024년 7월 최종 통과시킨 'EU 자연복원법'도 지구 생태계의 미래를 밝게 하는 데 기여하는 내용이다. 자연복원법은 "2030년까지 육지와 바다 면적의 최소 20%를 복원하고, 2050년까지 복원이 필요한 모든 생태계를 복원한다"는 내용을 담고 있다. 훼손된 생태계의 복원을 위해 처음으로 법적 구속력이 있는 목표를 설정한 이 법안은 EU 집행위가 2020년 제시한 탄소중립 정책 패키지인 그린딜의 일부다. 최초의 탄소중립 대륙이라는 목표를 실현하기 위해 EU가 내놓은 야심찬 정책이기도 하다.

> EU의 자연복원법 제정 취지는 훼손된 자연을 회복하는 데만 있는 것이 아니다.

돌고래
ⓒ Francesco Ungaro, pexels

해양보호종인 해양 포유류 남방큰돌고래 어미와 새끼가 제주 연안에서 헤엄을 치고 있다. ⓒ 김기범 기자

기후위기와 생물다양성위기가 별개 문제가 아니며, 훼손된 생태계를 그냥 두고 탄소중립을 이룬다는 것은 불가능하다는 점을 분명히 했다. 유엔기후변화협약에서도 EU 자연복원법에서 추진하고 있는 자연 기반 해법에 따른 생태계 복원을 탄소중립 달성의 중요한 수단으로 강조하고 있음은 물론이다.

특히 EU는 자연복원법에서 "2030년까지 2만 5천 km 이상의 하천을 자유로이 흐르는 하천으로 복원하기 위해 철거가 필요"한 인공 장애물, 즉 댐, 보, 둑 등을 확인하고 철거하도록 정했다. 철거에서 제외될 수 있는 인공 장애물은 재생에너지 발전, 내륙 항해, 용수 공급, 홍수 방지 등의 용도로 필요성이 인정된 경우에 한정했다. "하천의 자연적 연결성 및 범람원의 자연적 기능 복원"이라는 EU의 정책 목표에서 자연성을 회복한 하천이 기후위기·생물다양성위기 극복에 얼마나 중요한지 엿볼 수 있다.

국제플라스틱협약의 경우 아직 성안을 이루지는 못했지만, 플라스틱 해양 오염을 종식하기 위한 인류사회 전반의 노력이 처음으로 시작되었다는 점에서 의미가 있다. 국제사회는 2022년 3월 플라스틱 오염을 종식하기 위한 법적 구속력 있는 협약을 마련하기로 하고, 2024년 12월까지 다섯 차

례 협상위를 열어 협상을 벌였다. 2024년 12월 25일 부산에서 개막한 5차 협상위가 결국 무산되면서, 어떤 수준의 협약이 언제 발효될지는 아직 미지수인 상황이다.

그런데 안타깝게도 지난 정부, 즉 윤석열 정부는 이 같은 국제사회의 노력과는 정반대 방향으로 질주하고 있다. EU가 이처럼 생태계 복원을 통한 생물다양성위기 극복에 힘쓰려 하는 것과 정반대로 한국에서는 육상·해상 생태계의 훼손을 가속화하는 '묻지마' 개발이 여전히 이뤄지고 있다. 설악산 케이블카, 제주·가덕도·새만금 신공항 등은 모두 자연을 훼손해 탄소흡수원을 없애는 데다 장기적으로 대량의 탄소배출을 유발함으로써 탄소중립과 생물다양성 증진에 역행하는 사업들이다.

특히 윤석열 정부는 현존하는 댐, 보 등을 없애도 모자랄 판에 4대강 보 존치와 신규 댐 후보지 발표 등의 정책을 발표했다. 다른 나라의 앞서가는 정책을 따라가지는 못할망정 기후위기를 가속화함과 동시에 생물다양성도 훼손하는 정책을 추진하고 있다. 생물다양성 증진, 탄소중립처럼 시대정신이라 할 수 있는 목표들조차 윤석열 정부에서는 서류상 미사여구에 불과한 것 아니냐는 의심이 드는 대목이다.

참고자료

1) Ceballos, G., Ehrlich, P. R., & Dirzo, R. (2017). Biological annihilation via the ongoing sixth mass extinction signaled by vertebrate population losses and declines. Proceedings of the National Academy of Sciences of the United States of America, 114(30). https://doi.org/10.1073/pnas.1704949114
2) 경제협력개발기구(OECD) (2023). 기후변화 임계점과 정책 함의점(Climate tipping points: insights for effective policy action)
3) The Intergovernmental Panel on Climate Change(IPCC) (2023). IPCC 제6차 평가보고서(IPCC Sixth Assessment Report).
4) 해양수산부, 해양환경공단 (2023). 국가해양생태계 종합조사.
5) 국립생태원 (2020). 생태계에 대한 기후변화 리스크 평가.
6) Zerbini, A. N., Adams, G., Best, J., Clapham, P. J., Jackson, J. A., & Punt, A. E. (2019). Assessing the recovery of an Antarctic predator from historical exploitation. Royal Society Open Science, 6(10). https://doi.org/10.1098/rsos.190368

MAGAZINE

VOL. 05

지속가능한 지구, 조용하지만 분명한 목소리

ROOTS & BRANCHES

뿌리에서 가지까지, 나무의 삶과 이야기를 담는 생태 인문 저널

A HUMAN-ECOLOGICAL JOURNAL ON THE LIVES AND STORIES OF TREES: FROM ROOTS TO BRANCHES

contents

- 기후변화 때문이라는 일방적인 변명
- 아낌없이 주는 나무는 없다
- 나무라는 비빌 언덕
- 나무 편에 선 사람들

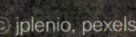
ⓒ jplenio, pexels

김양진
한겨레21 기자

김양진 기자는 나무의 관점에서 기후위기를 사유하고자 한 드문 저널리스트다. 『Roots & Branches』는 그가 만들고 싶어 한 가상의 잡지이자, 지리산 가문비나무의 침묵에서 출발해 인간 중심주의를 비판하는 생태 르포다. 그는 산림청의 '탄소중립' 벌채 정책, 관광 개발, 수종교체 같은 제도화된 폭력을 날카롭게 고발하면서, "기후변화 탓"이라는 무책임한 언어 너머의 인간 책임을 추적한다.

지속가능한 지구, 조용하지만 분명한 목소리

" 기후변화 때문이라는
일방적인 변명

코앞에 다가온 지리산 가문비 숲 절멸 위기⋯"
아고산대마저 마음껏 이용하는 폭력은 멈추지 않고 기후변화 탓만

어쩌면 남한 땅에서 가문비나무를 보는 것이 마지막일지 모른다. 2024년 5월 22일 지리산을 찾았다. 지리산은 가문비나무가 가장 많이 서식하는 곳이다. 이른 아침 노고단(1,507m)에서 출발해 가문비나무가 산다는 반야봉(1,734m)으로 향했다. 탐방로에서 가문비나무와 함께 기후위기 지표종으로 언급되는 구상나무는 종종 만났다. 꼿꼿하게 선 채 죽어있기도 했고, 성장하고 있었고, 하늘에 닿을 듯 솟아 있었다. 하지만 가문비나무는 보이지 않았다.

© dagabe03, pexels

ⓒ emirkrasnic, pexels

수분 스트레스로 죽게 되면 두 나무 모두 꼿꼿하게 서서 고사한다. 2~3년에서 5년쯤 지나면 수피(樹皮, 나무껍질)가 모두 벗겨진다. 그렇게 하얗게 서 있는 모습이 마치 백골, 즉 '나무의 흰 뼈' 같다고들 한다. 지리산 꼭대기 쪽 1,500m 이상 아고산대(亞高山帶)를 대표하는, 키 30~40m 이상 거대한 생명체들이다. 20년 이상 자라야 1m 이상 자랄 정도로 성장 속도가 느리고, 이후 30m 이상 수간(樹幹, 밑동으로 이어진 나무의 본체 줄기)을 곧게 세운 뒤 원뿔형 수관(樹冠, 나무의 가지와 잎이 달려 있는 윗부분으로, 나무가 갓을 쓴 모양이라고 해서 '나무갓'이라고도 함)을 뻗어 내는 수형(樹形, 나무 모양)이 닮았다. 다만 분류군은 각각 가문비나무속과 전나무속으로 다르다. 솔방울(구과)이 열린 모습은 완전히 정반대인데, 가문비나무는 솔방울이 아래로 처지고, 구상나무는 위로 고개를 든다.

2024년 5월 22일 지리산 반야봉 북서쪽 비탈의 건강한 가문비나무. 줄기를 따라 가지가 세차게 뻗어 있다. ⓒ 김양진 기자

어린나무가 사라진 이 숲에 무슨 일이

구상나무와 달리 가문비나무는 잘 거론되지 않는다. 탐방객 눈에 잘 띄지 않기 때문이다. 그런데 2019년 5월 7일 국립산림과학원의 '고산 침엽수종 실태조사(고산 실태조사)'를 보면 지리산, 설악산, 덕유산 등 아고산 지대 가문비나무 개체 수가 구상나무(265만 그루)의 1.1%(3만 그루)밖에 되지 않는다. 또 국립공원연구원이 2012년과 2021년 이 일대를 정밀 모니터링한 결과 1ha(1만 m²)당 가문비나무 개체 수는 9년 새 65.1%(338→119그루)가 줄어든 것이 확인됐다. 무엇보다 가문비나무의 경우 대를 이을 어린나무도 올라오지 않고 있다. 이런 상태가 이미 20년가량 된 것으로 파악되고 있다. 고사 속도와 어린나무 비중 등을 고려하면 언제 절멸한다고 해도 이상하지 않은 상태다.

이날 국립공원연구원 연구자와 지리산국립공원 전남사무소 관계자, 녹색연합 활동가와 함께 반야봉 북쪽 비탈의 탐방객 접근이 금지돼 있는 특별보호구역까지 포함해 3~4시간가량 어린 가문비나무를 찾아다녔다. 가문비나무 군집 자체가 대부분 죽어있었다. 살아있는 개체가 많지 않았다. '어린 가문비나무일까?' 하고 가까이 다가가보면 어김없이 구상나무였다.

막 하산하려고 돌아섰을 때 어린 가문비나무 딱 1그루를 겨우 만날 수 있었다. 키 50cm, 이미 15세 정도로 추정됐다. 사진, 영상으로 그 살아있는 모습을 담았다. 가문비나무를 모니터링하고 있던 동행한 녹색연합 활동가는 *"최근 수년 동안만 지리산 가문비나무 90% 이상이 고사했고, 중요 서식지 중 하나였던 덕유산 향적봉 쪽 가문비나무는 이제 10그루도 채 남지 않았다"*고 설명했다.

"기후변화 때문" 이라는 게 가문비나무 등 아고산대 침엽수들이 멸종위기에 내몰린 이유에 대한 정부의 공식 입장이다. 국립산림과학원은 고산 실태조사에서 *"겨울·봄철 기온 상승과 가뭄, 여름철 폭염, 적설량 감소 등 기후변화로 인해 발생하는 생리적 스트레스가 최근 상록침엽수의 대규모 고사와 쇠퇴의 주요 원인으로 파악됐다"*고 결론냈다.

그러면서 "멸종위기 고산지역 침엽수종의 보전·복원을 위해 국립산림과학원은 쇠퇴도와 유전적 다양성 등을 고려하여 우선 복원 후보 대상지를 선정할 계획"이라고 밝혔다.

틀린 말은 없지만, 톺아보면 이상하고 허전하기만 하다. 한때 지리산 정상 부근을 뒤덮었던 거대한 고등생명체가 멸종에 직면했다는 절박한 실태가 드러났다.

하지만 *"기후변화로 인해"* 라는 결론에선 아무런 책임도, 반성도 보이지 않았다. *"복원 후보 대상지를 선정할 계획"* 이라는 대목에서는 '이미 지리산은 (가문비나무 서식지로는) 글렀다'라는 포기한 것 같은 느낌마저 준다. 우리가 할 수 있는 것은 그저 절멸로 치닫고 있는 가문비나무를 안타까워하는 일밖에 없는 걸까.

2024년 5월 22일 지리산 반야봉 북서쪽 비탈에 가문비나무들이 말라죽어 있다. 산 가문비나무들도 잎 색이 누렇게 변해 생육상태가 좋지 않은 것으로 관찰됐다. ⓒ 녹색연합

발밑을 보면 알 수 있다

기후변화만이 지리산에 들이닥친 비극의 원인일까. 마치 산과 숲, 모든 생명체가 인간을 위해 존재하는 것처럼 행동해온 그간의 태도와 그로 인해 이미 벌어진 사태를 통해 기후변화는 여러 요인 중 하나일 뿐이라는 사실을 알 수 있다.

이날 탐방길에서 현장 경험이 많은 국립공원 담당자는 "탐방객에 의한 토양 침식 문제를 생각해봐야 한다"고 화두를 던졌다. 지리산의 해발고도 1,500m 이상 지역 같은 아고산 지대는 저지대와 달리 흙의 침식은 쉽지만 퇴적이 잘 이뤄지지 않는다. 낙엽이 쌓이고 곤충과 미생물의 분해작용으로 오랜 시간에 걸쳐 약간의 부식토(동식물이 썩으면서 만들어진 유기물이 20% 이상 포함된 비옥한 흙)가 만들어진다. 해가 잘 들지 않는 축축한 북쪽 비탈면의 부식토가 충분한 토양에서만 자라는 가문비나무에 토양 침식은 치명타다.

주변을 보니 지리산 탐방로에 설치된 철제 계단과 난간이 보였다. 어떻게 설치됐을까. 곳곳에 설치된 쉼터의 의자와 가방걸이, 구급상자 선반은 어떻게 1,600m, 1,700m까지 올라왔을까. 수천~수만 년간 사람의 발길이 닿지 않았던 곳까지 지난 수십 년 넘게 사람과 장비가 휘젓고 다녔다. 가는 곳마다 흙이 쓸려 내려가고, 다져지고, 단단한 길이 생겨났다. 나무와 풀은 지표면 0~20cm에 잔뿌리를 뻗어 흙속에 있는 공기와 물을 먹고 산다. 식물들 입장에선 끝나지 않는 굶주림이 수십 년째 이어지고 있는 셈이다. 물과 영양 공급이 제대로 안 되니 약해진다. '평소 같은' 강풍이나 폭설에 쉽게 가지가 부러진다. 뿌리가 뽑힌다. 봄여름에도 잎을 제대로 내지 못한다. 더 약해진다. 제때 광합성을 하지 못한다. 병이 깊어진다. 가문비나무들이, 아고산대의 수많은 크고 작은 생명체들이 고사한다. 고사한 나무뿌리가 움켜쥐고 있던 흙이 쓸려 내려간다. 악순환이다. 가문비나무 서식지는 지옥으로 변했다. 정말 기후변화 문제일까.

나무는 발걸음 하나하나를 모두 기억한다

인간의 발자국이 남긴 답압(踏壓, 짓밟힘)이 나무 등 식생에 심각한 영향을 미친다는 사실은 과학적으로 입증되고 있다. 폴란드 아담 미키에비츠대학교 지리정보연구소 연구진은 탐방로에 있어 짓밟힘에 노출된 브로드니카 파크의 스코틀랜드소나무 뿌리 204개와 줄기 97개를 연구·분석한 결과를 2021년 2월 발표[1]했다. 탐방로 구간에서 짓밟힌 뿌리로 인해 나무의 나이테가 누락되거나 끊어지는 현상이 발생했고, 수지(송진) 형성에도 영향을 미친다는 사실을 확인했다. 연구진은 이렇게 지적했다.

"전반적으로 뿌리가 나무의 나이테 성장과 해부학적 변화에 영향을 미치고, 이는 짓밟힘 충격에 대한 시간적으로 높은 해상도를 가진 귀중한 생태적 보관소 역할을 한다는 것이 증명됐습니다. 이번 결과가 나무가 성장하는 자연 조건을 보존하고, 저지대 삼림 탐방로를 책임지는 공원 및 산림 관리자에게 도움이 될 수 있을 겁니다."

출입금지구역에서 만난 탐방객

반야봉 북서쪽 6만 2천 m²는 2007년 12월 아고산대 식물을 보호하기 위해 특별보호구역으로 지정된 곳이다. 우리나라에서 가문비나무를 볼 수 있는 몇 안 되는 곳 중 하나다. 이날 입구는 철문으로 굳게 닫혀있었다. 지리산국립공원 쪽 허가를 받아 안으로 들어갔다. 얼마 가지 않아 키 30m가 넘고 가슴높이 둘레 120cm, 100세 이상인 어른 가문비나무를 만났다. 생육상태는 양호했지만, 군집 속에 사는 가문비나무의 특성으로 미뤄보아 주변 친족들이 모두 죽고 홀로 남은 것으로 추정됐다. 한때 유럽 흑림의 물결 같은 가문비나무 군락이 우거졌던 곳이다.

얼마 떨어지지 않은 곳에서 탐방객 두 명이 도시락을 먹고 있었다. 특별사법경찰관인 국립공원 관계자가 다가가자 당황해하면서도 "40년 넘게 이곳을 오르고 있는데 무슨 문제냐?"고 대꾸했다. 국립공원 탐방금지구역을 무단으로 출입하면 최대 50만 원의 과태료를 부과받는다. 그러고 보니 이곳 특별보호구역 내에서 샛길이 이리저리 많이도 나 있다는 걸 확인했다. 지금도 누군가 금지구역을 드나들며 가문비나무의 '입과 코'(뿌리)를 짓밟고 있다.

2024년 3월 15일, 보름 전 전주시가 베어낸 '전주천 버드나무' 밑동을 이정현 전북환경운동연합 대표가 끌어안았다.
ⓒ 김양진 기자

당 이용밀도를 계산하면 7,842명이다. 미국의 첫 국립공원(1872년 3월 지정)인 옐로스톤 국립공원과 비교해보면, 지리산의 '이용압력'이 얼마나 심각한 수준인지 짐작할 수 있다. 8,983.18km^{2}인 옐로스톤 국립공원을 찾은 탐방객은 450만 1,382명[2](2023년)이다. 1km^{2}당 이용밀도는 501명 수준이다. 지리산의 이용밀도가 15배 높다.

샛길을 제외한 '법정 탐방로' 길이도 마찬가지다. 지리산은 1,276km, 옐로스톤은 1,800km다. 1km^{2}당으로 비교해보면 지리산에는 옐로스톤보다 13배나 많은 길이 놓여 있다.

국립공원 쪽과 '국립공원을 지키는 시민모임' 쪽 얘기를 종합해보면, 우리나라 국립공원 이용 정책은 생태계 보전을 위한 이용 억제보다는 이용 활성화에 방점이 찍혀 있다. '국립공원을 지키는 시민모임' 윤주옥 대표는 이렇게 설명[3]했다.

─────── "환경부나 국립공원공단은 기회만 되면 '사람들의 국립공원을 향유할 기회를 뺏는다'며 출입금지를 풀려고 해요. 결국 고지대 생물의 고통을 부채질하는 건 '국민이 원한다'는 논리로 국립공원에 차량 출입을 늘리고, 대피소에 전기를 놓고, 사람 출입을 늘리는 '사람들'입니다.

지금처럼 거의 모든 시간에 지리산을 개방하는 것부터 막아야죠. 탐방예약제 도입이 시급합니다. 국립공원은 우리가 보호해야 할 공간이고, 자연과 야생동식물에 당연히 돌려줘야 할 '그들의 공간'이라는 생각이 요즘 사라진 것 같아요. 일반 관광지와 국립공원이 헷갈리게 돼버렸어요. 그런 마음이니 지리산에 케이블카·골프장·산악열차를 공사한다는 거 아니겠어요." ───────

정부가 가문비나무 등 고산 침엽수종 멸종위기의 원인으로 토양침식도 함께 언급했다면 어떻게 됐을까. 탐방객 문제가 거론됐을 것이며, 탐방 제한이 이슈로 부각될 수 있었을 테다. 하지만 기후변화라면 사정은 다르다. 계속 탐방객이 늘어나도 길을 늘리고, 이용시설을 더 들여놓고, 케이블카를 올리고, 산악열차까지 놓아도 문제없다. 어떻게 할 도리가, 대책이 없기 때문이다. "기후변화가 문제"라는 결론은 자본의 공사와 돈벌이 그리고 정치인의 업적 쌓기를 강행하기 위한 좋은 핑곗거리 아닐까.

세상만사가 기후변화 대응이고, 친환경 아닌 게 없다. 2024년 9월 '대한민국 방위산업전'에선 러시아-우크라이나 전쟁에 수출하는 무기를 '친환경 무기'라고 소개해 논란이 일기도 했다. 기후변화에 대응하기 위해 케이블카

2024년 5월 22일 지리산 반야봉 부근 구상나무 고사목 위에 큰부리까마귀 두 마리가 앉아 있다. 1,500m 이상 고지대에는 까마귀 대신 큰부리까마귀가 산다. ⓒ 김양진 기자

를 놓고, 전쟁 무기를 생산한다. 자본주의가 '기후변화'라는 말의 힘을 빼앗고 그 의미조차 탈색시켜버린 것이다.

"인간이라는 포유류에 대한 연구가 시급하다"

2018년 11월 20일 『가디언』에는 "국립공원의 위기: 관광객이 자연을 죽도록 사랑하는 방법(Crisis in our national parks: how tourists are loving nature to death)"이라는 기사4)가 실렸다. 지리산에 비하면 아주 양호한 편이지만, 『가디언』은 2017년 옐로스톤 탐방객이 400만 명을 돌파하자 특집기사를 마련했다. 이 기사에서 옐로스톤 감독관으로 43년째 일해온 댄 웬크(Dan Wenk)는 이렇게 말한다. "옐로스톤에서 가장 연구되지 않은 포유류가 바로 인간이다. 우리 종(인간)은 공원에 가장 큰 영향을 미치고 있다. 인간이 자기 경험의 질을 높이려고 하는 것 때문에 참사(casualty)가 벌어지고 있다."

인간에 의한 산림파괴를 지적하면 매번 똑같은 반박이 돌아온다. "그럼 건강한 사람들만 산을 이용하라는 건가?", "노인도 장애인도 어린아이도 산을 이용할 수 있어야 하는 것 아니냐?" 숲을 평등하게 이용하자는 논리다. 쉽게 답하기 어렵다. 그래서 오늘도 지리산은 위태롭다. 지리산을 둘러싼 전남 구례군, 전북 남원시, 경남 산청군·함양군은 지리산에 케이블카, 골프장, 산악열차를 세우겠다는 뜻을 굽히지 않고 있다. 선거철엔 많은 후보가 이런 개발 욕망을 자극한다. 모두가 산림 이용 평등을 주장하고, 친환경이라고 강조하고, 지역경제를 위해 불가피하다고 부르짖는다.

어쩌면 질문 자체가 잘못됐는지 모른다. 인간 내의 문제로 한정하면 평등할지 모른다. 하지만 비인간 종들과의 동등한 관계를 설정했을 땐 그런 질문은 불평등하고 불합리하다. 오만하며 폭력적이며 잔인하다. 절체절명의 위기에 처한 가문비나무의 입장에서 질문을 다시 던져보면 어떨까. "지리산, 설악산, 한라산의 고지대 정도라도 인간 외 다른 생명체들을 위해 비워둬야 하지 않을까?" 후손들에게 어떤 지리산을 물려줄 것인지 더 늦기 전에 지금 선택해야 한다.

가문비나무 숲이 살아 숨 쉬는 지리산일지, 실험장의 복원 식물과 사진, 영상자료일지. 지리산을 아껴두고 쉬게 해주는 것 외에 다른 길이 있을까.

아낌없이 주는 나무는 없다

나무가 인간의 이용대상이 됐을 때
행복해한다고 보는 오만함…
능동적으로 먹이를 찾아다니는
'굶주린 입'과 새로운 관계 맺어야

2021년 1월 6일 오후 서울 중구 덕수궁 돌담 옆에 뿌리를 내린 양버즘나무(오른쪽)와 은행나무 사이로 행인이 오가고 있다. 찻길 쪽으로는 '세종대로 사람 숲길' 조성 공사가 이뤄지고 있다. ⓒ 김양진 기자

2020년 12월 서울시가 덕수궁 앞 아름드리 플라타너스 27그루를 '수종교체'하기로 해 많은 시민이 반발하고 나서서 논란이 일었다. 플라타너스가 너무 크게 자라 덕수궁 담벼락에 균열이 생기자, 문화재청에서도 베어달라고 했다고 서울시가 설명했다. 하지만 서울환경운동연합, 서울시 녹색서울시민위원회 그리고 함께한 많은 시민은 반발했다. 균열이 난 담벼락을 보수하면 된다. 세운 지 20년가량 된 최신 담벼락이다. 하지만 이곳 플라타너스는 50~60년가량 자라왔다. 1982년 식재됐다.

> " 지난 40년간 이 플라타너스 대열이 뿜어낸 풍치를 즐겨온 많은 시민의 추억은 대체 불가능하다. 이렇게 큰 나무들은 그만큼 큰 녹음을 준다. 열섬 및 미세먼지를 줄여준다. 당시 많은 시민은 덕수궁 앞 플라타너스 하나하나에 **"나무를 자르지 마세요. 우리도 서울시민입니다"**라는 문구가 적힌 '옷'을 입혀줬다. "

▶ "저 사람들은 나무가 생명이래요"

당시 취재 과정에서 서울시 담당자와 통화했다. '수종교체', 즉 벌목을 강력하게 추진했던 담당자였다. 그는 이렇게 말했다. "저 사람들(벌목에 반대하는 시민)은 가로수도 살아있는 생명이라고 하는 사람들이에요. 말이 안 통합니다." "가로수도 생명"이라는 생물학적인 사실을 부정하기 때문에 나온 발언이 아니었다. 길가에 심는 나무인 가로수의 법적 지위는 물건이다. 도로법(제2조)은 "가로수는 도로와 그 효용을 발휘하는 공작물"이라고 규정한다. 해당 담당자는 물건일 뿐인 가로수를 생명으로 대하는 건 극단적이며 비이성적이라는 얘기를 하고 싶었던 것이다. 취재한 기자에게 벌목에 반대하는 시민을 "나무를 생명으로 본다"며 비난한 건 우리 사회가 "나무가 물건"이라는 생각에 암묵적으로 동의하고 있다는 것을 재확인한 것이다.

나무를 오로지 인간이 이용해야 할 대상으로, 나아가 인간이 착취하면 오히려 감사해하는 존재로 바라보는 태도는 어디서 탄생했을까.

▶ 나무는 행복하지 않다

"지금은 별로 필요 없어."
(노인이 된) 소년이 말했다.
"조용히 앉아 쉴 곳만 있으면 돼. 너무 피곤하거든."
"좋아."
몸을 최대한 곧게 펴면서, 나무가 말했다.
"좋아. 오래된 그루터기는 앉아서 쉬기 좋아. 어서, 소년아, 앉아서 쉬어."
그리고 나무는 행복했다.

미국 작가 셸 실버스타인(1933~1999)이 1964년 출간한 유명한 그림책 『아낌없이 주는 나무(The Giving Tree)』의 끝부분[5]이다. 어린 시절 가지에 그네를 매달아 타고 놀게 해주고, 청년 때 굵은 가지를 잘라 집을 짓게 해주고, 중년이 돼 몸통까지 내어줘 배를 만들게 해줬던 나무가 노인이 돼 돌아온 소년에게 그루터기를 내어주며 행복해한다는 내용이다. 모르는 사람이 거의 없을 정도로 널리 알려진 이야기다. 나무에 대한 잘못된 인식을 반영한 이야기고, 많은 사람의 머릿속에 나무에 대한 잘못된 인식을 심어준 이야기다. 이 그림책은 나무를 오로지 '소년', 즉 사람에게 이용받기 위해 존재하고, 이용받았을 때 감사해하는 존재로 그려낸다. 마지막 문장인 "그리고 나무는 행복했다(And the tree was happy)"는 이 작가가 나무를 얼마나 제멋대로 바라보고 있는지 으스스하기까지 하다.

엘렌 핸들러 스피츠 예일대 교수는 1999년 5월 잡지 『아메리카 헤리티지』에 쓴 기고[6]에서 『아낌없이 주

는 나무』에 대해 "이 과대평가된 그림책은 어린아이들에게 성별과 세대를 초월한 냉담하고 착취적인 인간관계를 하나의 패러다임으로 제시한다"며 역사상 가장 과대평가된 고전 아동도서(Most Overrated Classic Children's Book)로 꼽았다.

▶ 미제로 남은 가로수 독살 사건

'아낌없이 주는 나무' 신화가 지금도 법과 제도, 관행과 습관으로 살아남아 우리 사고에 영향을 미치고 있다. 아낌없이 주는 나무 신화는 사람과 달리 나무가 이 세상에 존재하는 이유를 왜곡한다. 나무도 맘껏 살아 숨쉬고 싶어 하며, 제 명대로 살기를 기대하고, 후손을 남겨 생을 이어가려고 애쓰는 생명체다. 이런 지극한 상식은 외면받는다. 나아가 나무 학대, 나무 학살을 정당화한다.

2020년 12월부터 나무의 굵은 줄기(몸통 줄기, 즉 수간에서 뻗은 줄기)를 잘라내는 강한 가지치기(강전정) 문제를 고발하는 기사들을 써왔다. 전문가를 자처하며 스스로 '30년 경력'이라고 소개한 한 공무원은 이렇게 말했다. "나무는 저렇게 막 잘라줘야 잘 자랍니다." 도장지, 즉 잘린 줄기에서 세차게 잔가지들을 내는 것을 보고 한 말이다. 하지만 도장지를 낸다는 건 몸통이 베어지니 뿌리 등에 보관해놓은 양분을 어디로 보낼지 몰라서 다급해진 나무가 발버둥 치며 내는 비명이다. 비상시 저장해놓았던 양분까지 몽땅 써버리니, 이후 겪게 될 환경변화에 취약할 수밖에 없다. 다음 해 강전정한 나무가 살아있으니 또 이렇게 말한다. "이것 보세요. 막 잘라도 안 죽고 잘 삽니다." 수백 년에서 1천 년 넘는 삶을 살아가는 나무는 3~4년, 수십 년에 걸쳐 살고 죽는다. 나무가 견디는 것을, 혹은 서서히 죽어가는 것을 일방적으로 해석한 것이다.

그것을 언론과 대중에 공표하는 것의 근저에는 나무를 바라보는 폭력적인 시선이 도사리고 있다. 30세 된 나무를 베서 '탄소중립'을 이루겠다(2021년 1월 산림청 '산림 부문 탄소중립 추진 전략안')는 발상도, 소나무재선충병을 방제하기 위해(소나무를 살리기 위해) 소나무를 모두 베어내겠다(2024년 3월 산림청 '소나무재선충병 극심지역, 수종전환 본격 추진' 보도자료)는 언어도단도 모두 나무에 대해 일단 오해하고, 그 오해를 고치기는커녕 심화시켜온 결과다. 기후위기, 탄소중립 같은 과학이라는 틀에서 지난 수십 년간 논박을 이어왔다. 하지만 그 결과는 참혹하다. 이제는 누구나, 개발맹신주의자들도 기후위기를 습관처럼 입에 담는다. "친환경 케이블카"(2024년 8월 김진태 강원도지사 발언), "친환경 장갑차"(2022년 6월 현대로템 보도자료)라는 말까지 나온다. 애초에 영감을 줬던 따뜻한 말들이 온기를 잃고 욕망과 파괴에 복무하게 된 것이다. 언어 타락이다. 결국은 나무 같은 비인간에 대한 그간의 인식이 일방적이었고 잘못됐음을 인정하는 용기, 생명에 대한 감수성을 회복하기 위한 부단한 노력만이 '아낌없이 주는 나무'라는 망상에서 벗어날 수 있는 길이 아닐까. 거리의 베어진 그루터기 앞에서 생명을 위로하는 마음을 모으는 것 외에 지금의 야만을 벗어날 다른 길이 있을까.

하지만 나무를 '우리와 같은 살아있는 생명'으로 보는 반발도 꿈틀거리고 있다. 2021년 6월 서울 서대문구 응암로 스타벅스 드라이브스루 매장 공사 현장 앞 플라타너스 세 그루가 고사한 일을 두고 벌어진 시민의 반응이 대표적이다. 30~40세쯤 되는 건강하고 팔팔했던 나무들이다. 서대문구는 누군가 나무를 고의로 훼손한 것으로 의심했다. 나무 조직을 검사해보니 글리포세이트계 농약인 '근사미' 성분이 검출됐다. 누군가 나무를 죽이려고 농약을 주입했다는 의미다.

글리포세이트계 제초제는 비선택형이다. 즉, 특정 식물에 반응하는 게 아니라 모든 식물을 죽게 하는 농약이라는 뜻이다. 근사미(根死糜, '뿌리를 문드러지게 해 죽이다'라는 뜻)라는 이름도 살벌하다. 검출된 근사미 성분의 양은 기준치의 700배 이상이

서울 서대문구 응암로의 스타벅스 드라이브스루 매장 공사 현장 앞에 3층 높이 플라타너스 세 그루가 고사해 있다. 죽은 나무 위에 '수사 의뢰 중'이라는 표지가 붙어 있다. ⓒ 김양진 기자

었다. 서대문구는 "목격자를 찾습니다"라는 펼침막을 걸고, 경찰에 수사를 의뢰했다.

경찰은 CCTV와 탐문조사를 시작했다. 스타벅스 건물주가 고용한 관리인으로부터 "내가 플라타너스에 농약을 부었다"고 자수서를 제출받았다. 이 관리인은 나뭇값 780만 원을 변상했다. 경찰은 이 관리인을 도시숲법 위반 혐의로 기소 의견으로 검찰에 넘겼다.

이 과정에서 주목되는 것은 이 사건에 대한 시민의 인식과 반응이었다. 당시 지역 커뮤니티와 SNS, 관련 기사 댓글들을 보면 '나무를 우리와 같은 생명'으로 보는 뚜렷한 인식을 확인할 수 있다.

"진짜 천벌 받을 일이다."
"지나가는데 나무들이 너무 불쌍하다."
"스타벅스도 범인을 잡는 데 나서달라는 글을 스타벅스 고객의 소리에 남겼다. 동참해달라."
"나무가 얼마나 아팠을까. … 미안하다."
"절대로 죽은 나무 자르지 마세요. 꼭 범인을 잡아주세요."
"보통은 나무를 톱으로 베는데, 제초제를 써서 죽이는 건 처음 본다. 너무 잔인한 방식이라 놀랐다."

이런 시각들은 큰 공감을 받았다. 그렇게 이 플라타너스 세 그루는 제거된 것이 아니라 살해당한 것이고, 독살당한 것으로 재인식됐다.

다만 2021년 12월 검찰은 용의자 관리인에 대해 무혐의 처분을 내렸다. 당시 검찰 담당자와 통화했던 기억이 생생하다. 그는 "건물관리인이 '실수로 농약을 흘린 것 같다'고 진술하고, 재물손괴에서 과실범은 처벌할 수 없어 증거불충분으로 무혐의 처분했다"고 설명했다. 자수서까지 나왔지만 처벌하지 않겠다는 고집스러움에 '저건 그냥 나무잖아'라는 비인간 생명체에 대한 멸시가 묻어난다. 당시 시민단체들은 "불성실한 수사"라고 반발했다. '죽은 나무는 있지만 죽인 사람은 없다'는 것으로, '스타벅스 플라타너스 독살 사건'은 미제 사건으로 남게 됐다. 나무를 인간 착취에 감사해하는 존재로 바라보는 뿌리 깊은 인식은 극복하기 쉽지 않은 문제다.

▶ '수종교체'라는 말의 뜨거움

나무에 대한 비뚤어진 인식은 우리가 무심코 쓰는 언어에 깊게 배어 있다. 2024년 여름 출퇴근길에 찻길 양옆에 줄지어 서 있던 키 큰 플라타너스 가로수 수십 그루가 이팝나무로 '교체'되는 과정을 지켜본 일이 있다. 펼침막엔 '쾌적한 가로환경 조성을 위한 증가로 수종교체 공사'라고 쓰여 있었다. 사실 '수종교체'라는 차가운 말에는 살아 숨 쉬는 나무를 죽인다는 뜨거운 현실이 대응된다.

> 수종교체는 '다른 나무로 대신하다'라는 의미다. 하지만 현실은 다르다. 20~30년 동안 뿌리내렸던 고등생명체를 베어내는 일이다. 물과 양분을 뿌리에서 잎, 가지 끝까지 실어나르던 둘레 1m짜리 건강한 몸뚱이가 전기톱에 유린당한다. 톱이 돌아간다. 멈췄다가 돌아가고 다시 멈춘다. 그러기를 수십 번 반복한다. 톱밥이 난무한다. 남은 밑동은 굴삭기로 찍고 또 찍어 걷어낸다. 온통 포장도로뿐인 찻길에서 어떻게 찾아냈는지 한껏 물을 빨아들여 불그스름하다. 왕성하게 생명 활동을 이어가던 나무였다. 사방으로 뻗었던 뿌리는 곡괭이로 일일이 찍어서 파낸다. 땅속에서 방금 전까지만 해도 흙 사이사이 물과 양분을 길어 올리던, 살아있는 뿌리들이 파 올려져 산더미처럼 쌓아 올려진다.

▸ 나무의 뿌리는 동물의 뇌다

나무와 같은 사랑스러운 한 편의 시를,
나는 결코 마주할 수 없을 겁니다.
땅 위로 흐르는 달콤한 젖가슴을 향해,
나무의 굶주린 입이 빠르게 달려듭니다.
(…)
시는 나 같은 바보가 씁니다.
오직 신만이 한 편의 나무를 쓸 수 있습니다.

1913년 미국 시인 조이스 킬머(1886~1918)의 유명한 시「나무들(Trees)[7]」의 일부분이다. 수종교체라는 말은 '사랑스러운 한 편의 시' 같은 나무뿌리를 쓰레기로 만든다. 흙 속을 능동적으로 탐색하고 물과 양분을 찾아내 먹어 치우는 '굶주인 입'을 바꿔내야 할 물건으로 추락시킨다.

시인의 경험과 직관, 상상력은 과학적으로도 입증된다. 찰스 다윈은 1886년 출간한『식물 움직임의 힘(The Power of Movement in Plants)』에서 '뿌리 뇌 가설'을 제시한다. 제목부터 파격적이다. 식물의 '움직임'을 논하고, 그 움직임을 추동하는 '힘'이 있다는 의미다. 결론에 해당하는 마지막 구절[8]에서 찰스 다윈은 이렇게 말한다.

"식물 뿌리가 땅을 뚫고 나아가는 경로는 뿌리 끝부분이 결정합니다. 뿌리 끝부분은 매우 다양한 종류의 민감성을 획득했습니다. 연결된 부분들이 어떻게 움직일지를 지시하는 뿌리 끝부분은 하등 동물의 뇌와 같습니다. 이것은 과장이 아닙니다. 뇌는 몸의 앞쪽 끝에 위치해 감각 기관으로부터 자극을 받고 여러 가지 움직임을 지시합니다."

'뿌리 뇌 가설'은 사실로 밝혀지고 있다.[9] 화학생태학의 발전으로 식물들이 정보를 공유하기 위해 휘발성 물질을 생산하고 이를 감지하는 등 복잡한 의사소통을 한다는 사실이 밝혀졌다. 식물에 자아가 있다는 사실도 드러났다. 자신을 다른 동식물과 구분한다. 뿌리로 친족을 인식하기 위해 신호 분비물을 내보낸다. 의사소통이 적절했는지 점검하는 시스템을 통해 환경에 적응해나간다. 식물도 동물과 마찬가지로 자동반사적으로 움직이지 않는다. 동식물 모두 의사결정에 기반한 유기체라는 사실이 반복적인 연구 결과로 확인되고 있다.

▶ 모두가 손해 보는 산림경영

그럼에도 소위 나무의 생사를 결정짓는 행정가와 전문가 집단은 나무에 대해 만들어낸 '잘못된 말', '못된 말'들을 계속 사용하고 퍼뜨린다. '위험 수목', '도복 우려', '티알(TR)률' 등이 대표적이다. "위험하다", "쓰러질 것 같다"고 판단하는 근거는 뭘까. '담당 공무원의 눈대중'이다. 환경단체에서 "멀쩡한데 왜 위험하다고 하느냐?"라고 지적하면 담당 공무원들은 "쓰러져서 사람이라도 다치면 누가 책임지느냐?"고 되레 큰소리를 친다. 위험을 '가정'할 뿐인데, 선고는 최대 사형이다. 집행까지 일사천리. 이런 걸 억울한 누명 쓰고 생목숨을 잃었다고 한다.

위험 수목 제거에 협조해야 한다는 건 어떤 면에선 뿌리 깊은 이데올로기에 가깝다.

경기 고양시 서삼릉 진입로에 1994년 모래시계의 한 장면으로도 등장했던 은사시나무와 미루나무 고목 가로수 길이 있었다. 2020년 12월 이 명소의 고목나무 수십 그루가 무단으로 베어졌다. 이 일을 벌인 조경업자는 주변 마사회와 서삼릉 관리사무소에 "위험 수목이라 제거하는 것"이라고 했다. 아무런 제지도 받지 않았다. 물론 거짓말이었다. 위험 수목도 아니었다. 이 가로수길 관리 주체인 구청 몰래 벌인 일이었다. 이게 '위험 수목'이라는 죄목이 발휘하는 힘이다.

이 업자는 뭘 하려고 이 오래된 명소를 황

폐화시켰을까? 톱밥으로 만들어 팔아먹으려는 의도였다. 우리나라에서 베어진 '보통 나무들'의 운명과 다르지 않다. 수령 20~40년 된 어린나무 위주로 베어내는 관행 탓에 집이 되고, 가구나 악기가 되는 건 정말 어려운 일이다. 산림청이 발표한 2023년 기준 '목재 이용 실태조사'를 보면, 우리나라에서 한 해 벌목된 나무(319만 5,790m³)의 79.9%(255만 2,692m³)가 그 형태 그대로 쓰이지 못한다. 섬유판, 목재 칩, 목재 펠릿, 톱밥 및 목분 등으로 갈려서 쓰이거나 장작으로 이용된다. 최근엔 이러 추세가 더 심해지고 있다. 나무를 '저급하게 이용'하는 방식인 목재 펠릿(톱밥 연료) 생산량을 보면 2013년 6만 603t에서 2023년 61만 9,713t으로 10배가량 증가했다.

공무원들과 전문가들이 자주 사용하는 '티알(TR)률'이라는 말도 마찬가지다. 뭔가 과학적인 듯 보이지만, 실상은 전혀 아니다. 티알률이란 톱(Top, 지상에 나온 나무의 크기)과 루트(Root, 땅속 뿌리의 크기)의 비율이라는 뜻이다. 그런데 땅속 뿌리 크기는 확인할 수 없다는 치명적인 사실이 감춰져 있다. 땅속 뿌리 크기는 측정하지도 않고, 측정할 기술도 없다. 티알률이 높다는 얘기는 단순히 '(담당 공무원이 보기에) 나무가 크다'는 말과 같다. 그렇게 나무들은 영문도 모른 채 죽임을 당한다.

나무에 대해 주저없이 나오는 '못된 말과 행동'의 기저에는 '아낌없이 주는 나무'라는 신화가 도사리고 있다. 이제라도 신화에서 벗어나 현실 속 나무와 새롭게 관계를 맺어야 할 때가 아닐까. 다행히 나무는 여전히 우리 가까이에서 살아 숨 쉰다. 우리가 집 밖을 나서서 가장 먼저 만나는 생명이다. 다가가서 그 이름을 불러보고, 껍질 모양이나 줄기나 가지가 뻗은 모양을 관찰해보면 어떨까. 잎맥의 방향을 자세히 살펴보는 것도 좋다.

2024년 5월 22일 지리산 반야봉 북서쪽 비탈 가문비나무의 수피(나무껍질). 한자 이름인 어린송(魚鱗松), 즉 '물고기 비늘 모양 소나무'는 이 수피를 보고 지었다.
ⓒ 김양진 기자

지속가능한 지구, 조용하지만 분명한 목소리

나무라는
비빌 언덕

홍수와 산사태를 막아주며 늘 곁에서 버팀목이 돼준
나무와 숲은 알아보지 못하고 쓸모만 따지며 벨 생각만 하는 인간

2024년 7월 10일 중부지방에 시간당 100mm가 넘는 큰비가 내렸다. 충남 서천군과 금산군에서 각각 1명의 인명피해가 발생했다. 두 사건 모두 나즈막한 동네 뒷산에서 일어난 산사태가 전원주택을 덮쳤다. 13일 뒤인 7월 23일 피해 현장을 찾았다. 두 곳 모두 집 구조물들이 엿가락처럼 휘어져 있었다. 세간살이들이 튀어나와 어지럽게 흩어져 있었다.

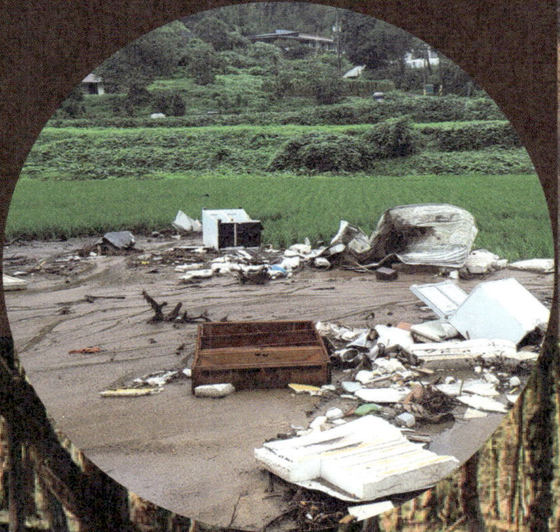

2024년 7월 10일 내린 큰비로 충남 서천군 비인면의 산사태가 휩쓸고 지나간 자리
ⓒ 김양진 기자

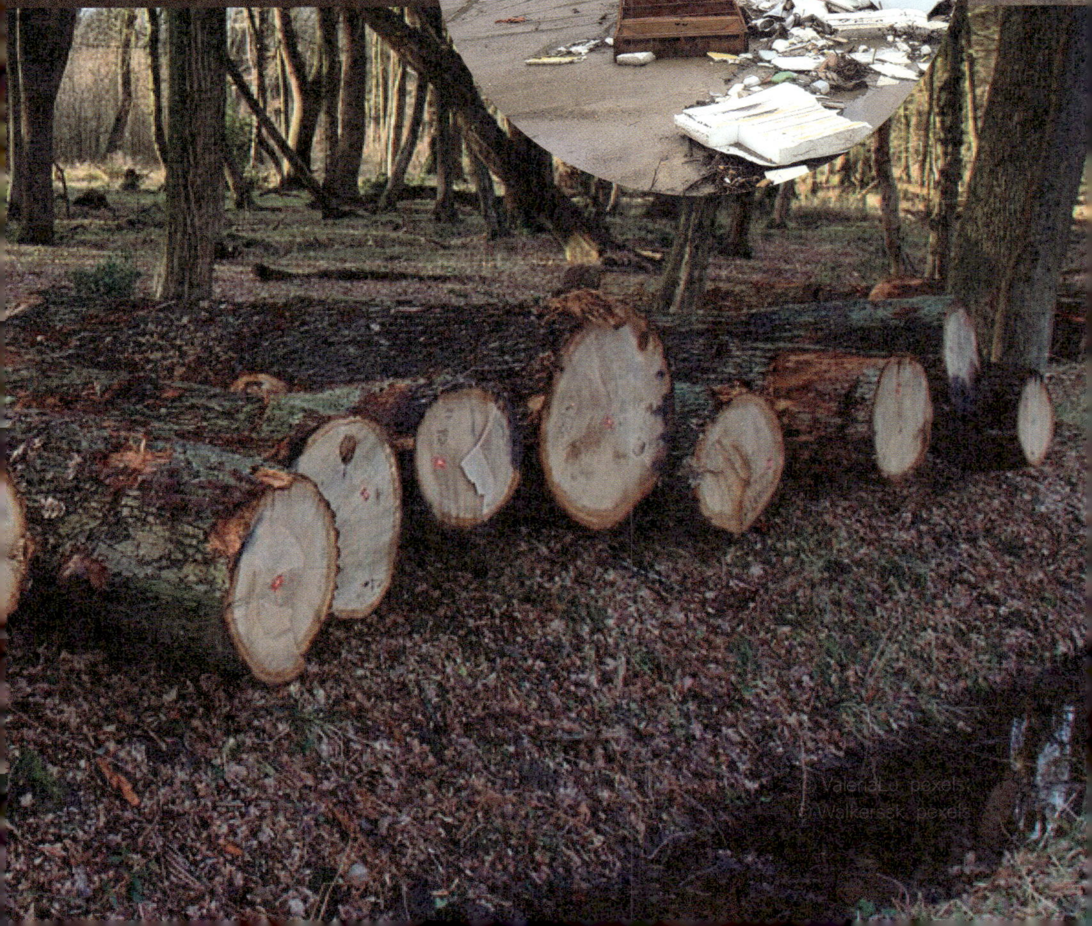

ValeriaLu pexels
Walkersk pexels

생명 앗아간 산사태 현장의 공통점

토사와 급류가 할퀴고 지나간 자리를 거슬러 올라가 봤다. 산사태가 발생한 지점은 명확했다. 서천군 비인면 율리 산사태 피해 현장의 경우 발생 지점은 뒷산 꼭대기 묘지였다. 세 기의 묘 앞으로 지반이 깎여 있었다. 금천군 진산면 지방리의 경우엔 멋대로 지그재그 다져놓은 임도가 발생 지점이었다. 두 곳 모두 예리한 절단면이 아직 그대로였다.

환경단체와 관련 전문가들과 사고 원인을 검토했다. 산의 지형을 인위적으로 바꾸면서 지반이 구조적으로 약해졌고, 그 상태에서 큰비가 내리자 암반을 덮고 있던 토사가 쏟아져 내린 것으로 진단됐다. 무덤이나 임도 조성은 일종의 토목공사다. 산 경사면의 흙을 깎아야 하고, 평평하게 돋워줘야 한다. 이 과정에서 산을 구조적으로 지탱해주는 역할을 했던 뿌리를 가진 나무들이 베어진다.

> 서천군청과 금산구청의 자료를 확인해보니 율리는 2014년, 지방리는 2010년 산사태가 발생한 뒷산에서 대대적인 벌채 작업이 있었다. 아직 어린나무밖에 없는 허약한 산이었다. 지형을 바꿔놓는 토목공사까지 벌어졌으니 버틸 수가 없었던 것이다.

유엔식량농업기구(FAO)가 2011년 발표한 「숲과 산사태」[10] 연구보고서에 이런 대목이 나온다. "비탈면에서 숲을 제거하면 최대 20년 동안 (나무의) 뿌리가 흙을 쥐는 강도가 약해지고, 산사태 위험을 높인다. 산사태 민감도(susceptibility)는 뿌리가 성숙할 때까지 (벌목 후) 15년 넘게 높게 유지된다."

큰 나무는 먹이활동을 하면서 뿌리를 사방으로 뻗는데, 그렇게 땅속에 촘촘하게 얽히고설킨 뿌리들이 '산사태 민감도'를 낮춰준다는 얘기다. 20세도 안 된 나무를 톱밥으로 쓰려고 베어내는 우리나라 현실에선 새겨들어야 할 과학이고 상식이다. 우리나라에서는 벌채 허가 때 산사태 위험은 간과된다.

눈에 보이지 않는 흙 속의 뿌리는 어디까지 뻗어있을까. 수관의 2~3배가량 넓이다. 종종 도시에 사는 나무들에 밑동만큼의 흙만 빼고 주변을 몽땅 시멘트나 콘크리트로 포장한 경우를 보게 된다. 나무를 질식시키는 행위다. 보이는 부분만 보려고 하고, '진짜 나무 모습'에는 관심을 두지 않는 일방적인 태도다.

거목들을 베어낸 자리에 산사태가 왔다

이날 산사태 현장에서 굳건히 버틴 거목들을 확인했다. 서천 율리에선 은행나무 한 그루가 굵히고 다쳤지만, 흙을 꼭 붙들고 버텨

냈다. 잎도 무성했다. 산사태가 긁고 지나간 자리에 은행나무의 복잡하고 촘촘한 뿌리들이 하얀 수염처럼 드러나 있었다. 측정해보니 가슴높이 둘레가 80cm 정도 됐다.

금산 지방리에선 느티나무 거목이 산사태 경로의 중앙에 떡 버티고 있었다. 폭탄이 떨어진 곳에 홀로 서 있는 것처럼 보였다. 가슴높이 둘레가 1m가 넘는 노거수였다. 비탈에서 뿌리를 내리고 수십 년 자라온 덕에 구조적으로 안정적이라 멀쩡히 서 있을 수 있었다. 이곳 뒷산에 이런 큰 나무들이 더 많았다면 어땠을까. 인명피해가 일어났을까. 기후변화에 따라 국지성 호우가 상시화되고 있는 상황에서 큰 나무들의 존재가 너무도 아쉬웠다.

사실 그간 산림청이 산의 나무를 적극적으로 베자며 개발한 논리 중 하나는 숲과 나무가 물을 너무 많이 보유하고 있어 인간이 이용할 물이 줄어든다는 논리였다. 쉽게 말해 나무한테 뺏긴 물을 숲가꾸기 사업 등 벌목으로 되찾자는 얘기다. 2011년 국립산림과학원은 「녹색댐 기능증진을 위한 숲가꾸기 효과」[11]라는 연구논문을 발표했다. 비가 집중되는 2003년 7월에 숲가꾸기로 나

2024년 7월 10일 새벽 충남 금산군 진산면 지방리 산사태가 휩쓸고 간 자리에 느티나무 한 그루가 무사히 서 있다.
ⓒ 김양진 기자

무들을 솎아낸 지역과 숲가꾸기를 하지 않은 지역의 하천으로 유입되는 물의 양을 비교 조사한 결과였다. 숲가꾸기를 하면 그대로 뒀을 때보다 '첨두유출량(집중호우 시 최대 홍수 유출량)'이 318배였다. 산림청은 이 연구 결과로 숲가꾸기로 나무를 벤 덕에 물을 더 많이 이용할 수 있게 됐다고 홍보했다. 그런데 이 연구가 역설적으로 보여주는 사실이 있다. 숲은 물을 많이 저장해주고, 그래서 홍수와 산사태 피해를 막아준다. 그렇게 숲은 인간의 버팀목이 된다.

2021년 1월 산림청이 '산림 부문 탄소중립 추진 전략안'을 발표했다. 2050년까지 탄소중립을 위해 30년 이상 된 나이 든 나무들로 구성된 늙은 숲을 베어내고 어린나무를 심겠다는 것이 뼈대다. 30년 이상 된 나무는 탄소흡입량이 줄어들기 때문에 어린 나무로 교체한다는 것이다.

하지만 이런 주장은 나무를 더 베어내기 위해 제한된 조건 속에서 도출한 잘못된 결과라는 반박이 제기됐다. 먼저 나무를 베기

30세 넘은 나무를
쓰레기 취급하는 산림청

숲은 물뿐 아니라 탄소를 저장하는 거대한 저장고다. 지구 가열화를 막을 수 있고, 인간종의 지속가능성을 높여주는 중요한 수단이다. 그런데 우리나라 산림정책은 참 수상한 방향으로 가고 있다.

2024년 7월 10일 발생한 충남 서천군 비인면 산사태가 휩쓸고 지나간 자리에 은행나무 거목 한 그루가 무사히 서 있다. 산사태로 드러난 복잡하게 뻗은 뿌리를 보면 이 나무가 어떻게 산을 단단하게 움켜쥐고 있었는지 알 수 있다. ⓒ 김양진 기자

위해 사람과 장비가 투입된다는 사실을 감추고 있다. 그 과정에서 산림 생태계가 파괴된다. 산림 흙 속에 저장돼 있던 탄소가 배출된다. 지구의 토양에는 약 2,500Gt의 탄소가 포함되어 있고, 이는 대기 중 탄소량의 3배 이상, 모든 살아있는 식물과 동물에 저장된 탄소량의 4배에 달한다.[12]

베어낸 나무를 가구나 건축재료로 쓰지 않고 상당 부분 목재 펠릿이나 목재 칩 등으로 쓴다는 우리나라 현실도 무시하고 있다. 태워야 하니 나무가 저장했던 탄소가 그대로 배출된다. 물론 가구나 건축재료로 이용해도 짧게는 10년, 길게는 100년 정도가 지나면 대부분 낡고 못쓰게 돼 탄소가 배출된다.

> "사람이 교란하지 않은 숲은 나무와 함께 살아가는 다양한 생명 활동을 통해 이산화탄소 등 온실가스를 수백~수천 년 동안 공짜로 저장해준다. 그러면서 주변 기온을 서늘하게 낮춰주고, 신성한 공기를 주며, 미세먼지를 수피와 잎, 가지 등에 부착시켜서 완화해준다."

오래된 숲이 몰래 해온 일들

산림청 주장의 맹점 중 하나는 30년 이상 나무의 탄소흡입량을 10세 나무와 비교했을 뿐 나무가 100세가 됐을 때, 또 500세가 됐을 때의 탄소흡입은 제대로 측정하지 않았다는 점이다. 이런 점에서 주목할만한 연구 결과가 있다. 2014년 16개국 과학자들이 공동연구한 「나무의 탄소 축적 속도는 나무의 크기에 따라 지속적으로 증가한다(Rate of tree carbon accumulation increases continuously with tree size)」라는 제목의 논문이 『네이처』[13]에 발표됐다. 403종 70만 그루를 조사해 얻은 결론이다.

이 연구에 참여한 미국지질조사국 산림생태학자인 네이트 스티븐슨(Nate Stephenson)은 2014년 1월 15일 미국 라디오방송 'NCPR'과의 인터뷰에서 연구 결과에 대해 "마치 좋아하는 스포츠팀에서 스타 선수들이 90세 노인이라는 사실을 뒤늦게 알게 된 것과 같다. 이 노인들이 가장 활발하고 가장 많은 득점을 내고 있었다"며 "숲의 오래된 구성원들은 공기 중의 이산화탄소를 빨아들여 보유하고 있을 뿐 아니라 엄청난 속도로 탄소를 추가하고 있다. 우리가 미래에 숲이 어떻게 변할지 예측하려고 할 때 이 사실을 이해하는 것이 정말 중요할 것"이라고 말했다.

나무를 태우면 돈도 받는다

나무를 태워서 연료로 쓰는 것을 신재생에너지로 보고 있는 것도 논란이다. 2012년 도입된 '신재생에너지 공급의무화 제도(Renewable Portfolio Standard, RPS)'는 전력 공급자가 총 전력 생산량의 일정 비율을 신재생에너지로 공급하도록 의무화한 제도다. 문제는 목재 펠릿 등 나무를 태우는 것을 '바이오매스 발전'이라고 하여 신재생에너지 공급 방식에 포함하고 있다는 점이다. 이렇게 나무를 태우면 '신재생에너지로 생산된 전력 인증서(Renewable Energy Certi'cate, REC)'를 발급받을 수 있으며, 이 인증서를 거래하면 추가 수익을 얻을 수 있고, 정부가 정한 의무공급 비율을 채울 수도 있다. 나무를 베서 많이 태우라고 돈을 주면서 장려하고 있는 셈이다.

나무를 베어내고 다시 그 자리에 나무를 심어서 채우면 다시 이산화탄소를 흡수할 테니 탄소중립 에너지원이라는 것이 그 근거 논리다. 하지만 나무를 벤다는 건 그렇게 간단한 문제가 아니다. 미국 비영리환경단체 'PFPI' 자료[14]를 보면 나무를 태울 때 탄소배출량은 천연가스의 3~4배, 석탄의 1.5배가량 더 높다. 목재는 더럽혀져 있고, 완전히 말리기가 어렵기 때문에 발전 효율도 떨어진다. 나무가 죽어 숲속에서 분해될 때 수년~수십 년에 걸쳐 분해된 탄소가 새로운 토양에 통합될 수 있지만, 연소시키면 일시에 나무가 저장한 탄소 전부를 대기 중으로 방출하게 된다. 아울러 벌목된 지역에 새로운 나무가 자리를 잡고 커가는 데 소요되는 시간도 무시할 수 없다. 수십 년이 걸릴 수도 있는 이 공백 기간은 어떻게 할 것인가. 기후위기가 그렇게 한가한 문제였던가.

나무를 태우는 건
탄소 빚더미에 앉는 것

이런 논란 등으로 2018년 산업통상자원부는 목재를 신재생에너지 원료로 인정받으려면 산림파괴로부터 얻은 목재가 아니라는 사실을 증명하도록 제도를 다소 개선했다. 하지만 숲을 파괴한다는 논란에서 자유롭지 않은 숲가꾸기 사업, 소나무재선충 방제사업 등 산림청이 벌인 사업으로 얻어진 목재는 신재생에너지 원료로 인정된다. 그야말로 총체적인 난국이다.

정도의 차이는 있지만, 목재를 화석연료를 대체할 탄소중립 에너지원으로 보고 있는 건 미국과 유럽 등도 비슷한 상황이다. 이에 2018년 1월 11일 772명의 전 세계 과학자들이 유럽의회에 '산림 바이오매스에 관한 과학자들이 EU 의회에 보내는 편지(LETTER FROM SCIENTISTS TO THE EU PARLIAMENT REGARDING FOREST BIOMASS)'를 발표했다. 나무를 태워 화석연료를 대체한다는 계획을 당장 폐기하라고 강력히 요구했다. 이들은 이럴

게 지적했다.

"벌채한 나무를 태우면 수십 년에서 수백 년 동안 대기 중 탄소가 증가하고 온난화가 발생합니다. 나무가 석탄, 석유 또는 천연가스를 대체하더라도 똑같습니다. 근본적인 문제입니다. 산림경영이 '지속가능한지'와 관계없습니다. 나무를 태우는 것은 비효율적입니다. 목재로 전기 1kWh를 생산할 때 화석연료를 태우는 것보다 훨씬 더 많은 탄소가 배출됩니다. 또 나무를 수확할 때 남은 뿌리와 가지가 분해돼 탄소를 배출합니다. 결과적으로 우리는 큰 '탄소 빚더미(carbon debt)'에 올라앉게 됩니다. 나무가 다시 자라 화석연료를 대체한다고 해도 탄소 빚더미는 아주 긴 세월 동안 이어집니다. (…) 시간이 중요합니다. 수십 년 동안 대기 중에 탄소를 더 많이 배출하면 빙하가 더 빨리 녹고 영구동토층이 해빙되어 영구적인 피해가 발생합니다. 전 세계 바다가 뜨거워지고 산성화됩니다. **기후변화에 맞서 '시간을 벌어야(buying time)' 하는 중요한 순간에 목재를 태워 전기를 얻는 접근 방식은 제한된 시간을 '판매(selling)'하는 것과 같습니다. 탄소 문제뿐만이 아닙니다. 전 세계 산림과 생물다양성에 미치는 부정적인 영향도 지대합니다.**"

쓸모란 무엇인가

나무와 숲은 그대로인데, 물을 너무 많이 먹는다고 탄소도 제대로 흡수하지 못한다고 쓸모가 없다며 베어내고, 화석연료를 대체할 친환경 연료라며 쓸모가 있다고 베어낸다. 쓸모를 따지다 보니 오랫동안 그 존재만으로도 비빌 언덕이 돼준 나무와 숲의 진정한 가치를 보지 못하는 게 아닐까. 지키고 아끼는 것이 나무에도 인간에게도 더 좋은 일이 아닐까. 친구인 혜자가 키 큰 가죽나무의 쓸모없음을 흉보자 장자가 이렇게 말한다.

> 그 곁에서 마음 내키는 대로
> 한가로이 쉬면서 그늘 아래
> 유유히 누워 자는 건 어떤가.
> 그러면 나무는 도끼에 베어지지도
> 않을 것이고 아무에게도
> 해를 입을 염려가 없을 것이네.
> 쓰일 데가 없으니 또 무슨
> 괴로움이 있겠는가
>
> 逍遙乎寢臥其 下. 不夭斤斧,
> 物无害者. 无所可用, 安所困苦哉.
>
> – 『장자』, 「내편」 '소요유'의 끝부분

나무 편에 선 사람들

나무지도를 그리고, 숲 생태계를 기록하고, '나무 권리'를 확인하고… 나무와 새로운 관계 맺기에 나선 사람들

2024년 1월 15일 『궁산 나무지도』를 발행한 김선애 '마음숲창작소' 대표(왼쪽)와 조혜진 '나무곁에 서서' 책방 대표(오른쪽)가 서울 강서구 가양동에 자리한 궁산의 물푸레나무 구간을 살펴보고 있다. 가운데는 최진우 서울환경연합 전문위원. ⓒ 김양진 기자

미국 뉴욕시 맨해튼 1545 매디슨 애비뉴에 가면 **가슴높이 둘레 12.7cm의 작은 플라타너스**가 서 있다. 2020년 11월 6일 심겨졌고, 2024년 11월 1일 담당 공무원이 와서 생육 상태를 확인했다. 329 웨스트 101 스트리트에는 **상수리나무로 매년 차단되는 빗물이 1,328L에 달하고, 절약되는 에너지는 983kWh에 달한다.** 이 한 그루가 주는 혜택을 경제적 가치로 환산하면 150달러(약 216만 원, 2025년 1월 28일 기준)다.

뉴욕시에는 이 두 나무를 포함해 542종 87만 9,883그루의 나무가 산다. 나무들이 이 도시에 서 있는 것만으로 주는 경제적 혜택은 1억 2,375만 달러(약 1,786억 원)에 달한다.

뉴욕시에는 87만 9,883그루의 나무가 산다

뉴욕시에는 다른 어디에도 없는 나무지도(New York City Tree Map)가 있어 이런 사실을 멀리 한국에서도 확인할 수 있다. 이 나무지도를 모바일에서 열어보면 그때마다 깜짝 놀란다. 나무의 정확한 위치가 나와 있어 놀라고, 나무 크기나 종류에 따라 크기나 색깔을 달리한 디테일에 놀란다. 얼마나 크고 어떻게 생긴 나무인지 자세한 데이터와 사진이 있어 또 한 번 놀란다. 플랫폼은 뉴욕시가 제공했지만, 나무지도 속의 거의 모든 데이터를 1995년부터 10년마다 시민이 자발적으로 참여해 직접 입력했다는 사실에 놀란다.

우리나라의 경우 각 지자체가 가로수나 도시공원이 언제 식재됐는지, 생육상태는 어떤지 등에 대해 파악하지 않고 있다. 2020년 12월 덕수궁 플라타너스 27그루 수종교체 논란 때, 서울시는 식재 기록이 없어 연도별 항공사진 기록들을 비교해 1982년 식재됐다는 사실을 확인하기도 했다. 나무를 시설물로 보니 '장부'에 매매 가격 정도를 기록하고 있다. 다만 경북 포항시, 광주광역시, 서울 마포구 등 일부 지자체는 뉴욕시 나무지도를 벤치마킹하려고 시동을 걸고 있다.

사실 뉴욕시처럼 도시 나무들에 대한 정

뉴욕 나무지도 누리집을 갈무리했다. 맨해턴 센트럴파크 동쪽에 있는 미국산딸나무 한 그루의 크기와 정확한 위치, 관찰 결과 등에 대해 소개하고 있다. ⓒ NYC Parks 홈페이지 스크린샷

보를 투명하게 공개하는 것만으로 큰 변화를 불러올 수 있다. 시민의 도시환경에 대한 이해가 깊어지고, 지역사회 환경에 대한 의식이 높아진다. 하지만 지자체 입장에선 성가신 일이 될 수도 있다. 그동안 '수종교체' 명분으로 마음대로 대대적으로 벌채하거나 민원이 들어왔다는 이유로 큰 나무를 베어내는 등의 '발 빠른' 대응을 더 이상 하기 어렵게 된다. 나무의 굵은 줄기까지 마구잡이로 자르는 '무자비한 강한 가지치기'도 더는 할 수 없게 된다. 굵은 가지를 뭉텅뭉텅 잘라야 비용도 적게 들고, 시간도 절약된다. 실시간 나무 상태가 공유돼 웬만큼 간이 크지 않고서야 전처럼 나무를 막 대할 순 없을 테다.

꿈틀대는 '나무 연대'

뉴욕시는 자기 지역 나무들을 이렇게 소개한다.

"뉴욕시 나무들은 여름에 그늘을 만들고, 이웃을 아름답게 하고, 소음을 줄이고, 중요한 도시 야생 동물이 살 수 있도록 돕습니다. 나무는 오염된 빗물을 씻어내줘서 수질을 보호합니다. 건물에 그늘을 드리우고, 여름철 기온을 낮추고 풍속을 줄여줘 냉난방 에너지를 절약하게 합니다. 대기 오염 물질을 잎 표면에 흡수해 건강 위협을 낮춰줍니다."

이렇게 소중한 나무들을 막 대하긴 쉽지 않은 일이다.

우리나라에는 뉴욕시 나무지도와는 또 다른 형태의 나무를 지키는 시민 움직임이 꿈틀대고 있다. 자기 주변 숲과 생태계를 지키려는 정성과 노력이 모이고 있다.

2023년 12월 서울 강서구 궁산의 나무지도가 완성됐다. 주민 조혜진('나무곁에 서서' 책방 대표) 씨와 김선애('마음숲창작소' 대표) 씨 두 사람이 **6개월 동안 궁산(면적 13만 3,748㎡)을 다니면서 해상도 높은 나무지도를 완성했다.** 이 지도에는 나무와 숲을 아끼는 두 사람의 시선과 마음이 담겨 있다. 일부 나무의 특징을 설명했는데, 이를테면 층층나무에 대해선 "조각한 듯 뚜렷한 나뭇결"이라고 적었다.

서울 강서구 주민 조혜진, 김선애 씨가 제작한 〈궁산 나무지도〉 ⓒ 조혜진

조각칼로 파놓은 듯 일정한 간격으로 난 하얀 줄무늬를 가진 층층나무의 수피를 직접 확인해봤으면 하는 바람이었다. 복자기는 "너덜너덜 털복숭이"라고 적었다. 복자기의 열매와 잎에 빽빽하게 난 털을 표현했다. 상수리나무는 "도토리거위벌레"라고 돼 있다. 9월쯤 덜 익은 열매가 더러 떨어져 있는 이유를 추적하다가 도토리거위벌레가 구멍을 뚫어 알을 낳았다는 걸 관찰해 붙인 설명이다.

서울 은평구 봉산은 대벌레(2020년), 러브버그(2022년) 등 곤충 대발생 발원지로 알려지면서 뜻밖의 유명세를 치른 도심 숲이다. 은평구청이 곤충을 죽인다고 대대적으로 농약을 살포하고, 끈끈이 트랩을 설치하는 등 난리를 피우고 나서 2023년 2월 이대로는 안 된다며 주민 네 사람이 모여 봉산생태조사단을 꾸렸다. 2024년 4월까지 1년 2개월간 조류 71종의 사진·영상·소리를 기록했다. 아물쇠딱따구리·쇠딱따구리·오색딱따구리·큰오색딱따구리·청딱따구리 등 건강한 숲에만 산다는 딱따구리류부터 소쩍새·솔부엉이·황조롱이·새매·새호리기 같은 멸종위기종들까지 확인했다. 또 은평구가 '친환경 사업'으로 포장해 추진하는 '편백나무 숲 조성 사업'이 생태계를 파괴하는 토목공사임을 고발했다. 2023년 3월 편백숲을 조성하기 위해 10~56세인 참나무류 99그루와 팥배나무 80그루를 베어내는 등 봉산 산림을 파괴했다는 사실을 조사해 발표했다.

2024년 2월 29일 전주시에서 전주천에 자생하던 버드나무 260여 그루를 모두 베어내는 일이 벌어졌다. 인근에서 제로웨이스트 게스트하우스를 운영하는 한 20대 주민은 자신이 찍은 전주천 전후 사진을 SNS에 게시했다. 보름 만에 200만 회 조회 수에 1만 개가 넘는 댓글이 달렸다.

"어디든 가면 있는 체육·문화시설이 아니라 전주에서만 볼 수 있는 저런 아름다운 자연이 필요한 건데…. 잘려 나간 나무를 보니까 가슴이 미어지네요."(lo***)

"저렇게 아름다운 명소를 한순간에 묵사발로 만들다니…"(ea***)

"왜 대체 왜 자꾸 없애는 거며, 시민들을 위한다면 왜 그들의 동의는 받지 않는 거죠?"(in***)

많은 시민의 반발로 전라북도가 감사를 시행해 전주시에 대해 기관 경고 처분을 내리기도 했다.

궁산과 봉산 그리고 전주천의 경우 관리 주체인 해당 지자체들이 전처럼 단체장 입맛에 따라 마구잡이 개발을 벌이기 어려워졌다는 평가가 나온다. 나무와 생물들에 대한 시민의 기록이 있고, 도심 숲과 하천의

2023년 7월 13일 경남 의령군 칠곡면 신포마을 느티나무 노거수. 2m 넘는 아름드리 줄기가 땅을 기어가며 자랐다. ⓒ 김양진 기자

가치가 확인됐기 때문이다. 그 가치를 확인하는 과정에서 시민의 정성이 쌓였고, 우리를 둘러싼 다양한 생물과 생태계를 새롭게 인식하게 됐으며, 관심과 애정이 더 커졌다.

나무는 보호받을 권리가 있다

우리는 앞으로 나무와 어떤 관계를 맺어야 할까. 2021년 12월 15일 부산지역 환경단체들이 발표한 '나무권리 선언문'을 참고해 새롭게 시작했으면 한다. 아래는 '나무권리 선언문'의 전문이다.

우리는 나무와 숲 없이 존재할 수 없다. 나무는 생태계를 이루는 핵심존재로서 탄소중립, 기후위기 시대 인간의 과도한 욕구와 필요에 의해 착취당해서는 안 된다. 나무는 지구의 일원으로 참여할 권리가 있다.

하나. 나무는 지구에서 고귀한 생명을 가진 존재다.
하나. 나무는 자기생육 공간에 대한 권리를 가진다.
하나. 나무는 인간과 공존하며 공생할 권리가 있다.
하나. 나무는 역사·문화·생물유산으로서 권리를 가진다.
하나. 나무는 부산시민으로부터 법과 제도로써 보호받을 권리가 있다.

참고자료

1) Matulewski, P., Buchwał, A., Zielonka, A., Wrońska-Wałach, D., Čufar, K., & Gärtner, H. (2021). Trampling as a major ecological factor affecting the radial growth and wood anatomy of Scots pine (Pinus sylvestris L.) roots on a hiking trail. Ecological Indicators, 121. https://doi.org/10.1016/j.ecolind.2020.107095

2) National Park Service (2024.2.27.). 325.5 million visits to national parks in 2023, 4.5 million visits to Yellowstone National Park. National Park Service. Retrieved from https://www.nps.gov/yell/learn/news/24004.htm

3) 김양진 (2024.6.7.). 하얗게 말라죽어 뼈대만…가문비나무 '마지막 증언' 들어보실래요?. 한겨레21.

4) Simmonds, C. et al. (2018.11.20.). Crisis in our national parks: How tourists are loving nature to death. The Guardian. https://www.theguardian.com/environment/2018/nov/20/national-parks-america-overcrowding-crisis-tourism-visitation-solutions?ito=amerika.org

5) Internet Archive. (n.d.). The giving tree. https://archive.org/details/the-giving-tree_202206

6) Spitz, E. H. (1999). Classic Children's Book. American Heritage, 50(3). https://www.americanheritage.com/classic-childrens-book

7) Poetry Foundation. (n.d.). Trees and other poems, by Joyce Kilmer. https://www.poetryfoundation.org/poetrymagazine/browse?volume=5&issue=3&page=42

8) Darwin, C. (1880). The power of movement in plants. London: John Murray.

9) Baluška, F., Mancuso, S., Volkmann, D., & Barlow, P. W. (2009). The 'root-brain' hypothesis of Charles and Francis Darwin. Plant Signaling & Behavior, 4(12), 1121–1127. https://doi.org/10.4161/psb.4.12.10574

10) Food and Agriculture Organization of the United Nations (2011). Forests and landslides: The role of trees and forests in the prevention of landslides and rehabilitation of landslide-affected areas in Asia. https://www.fao.org/4/ba0126e/ba0126e00.htm

11) 윤호중, 우충식, 이창우 (2011). 숲가꾸기가 산사태 발생에 미치는 영향. 한국산림과학회지, 100(3), 417–422.

12) Cho, R. (2018.2.21.). Can soil help combat climate change?. State of the Planet. https://news.climate.columbia.edu/2018/02/21/can-soil-help-combat-climate-change/

13) Stephenson, N. et al. (2014). Rate of tree carbon accumulation increases continuously with tree size. Nature, 507. https://doi.org/10.1038/nature12914

14) Partnership for Policy Integrity (PFPI). (n.d.). Carbon emissions from burning biomass for energy. https://www.pfpi.net/carbon-emissions/

15) 김양진 (2024.1.20.). '향기 나는 나뭇잎' 궁금하다고요? 나무 지도를 펼쳐보세요. 한겨레21.

16) 김양진 (2024.7.6.). '편백 밭' 억지 행정에 깨져버린 생태 균형. 한겨레21.

17) 김양진 (2024.3.22). '버드나무 대량 학살사건' 전주천 현장 가보니…. 한겨레

MAGAZINE

지속가능한 지구, 조용하지만 분명한 목소리   VOL. 06

CONSERVATION FRONTIERS

생태계 보전의 최전선을 다루는 통합 전문지

contents

AN INTEGRATED
MAGAZINE COVERING
THE FRONT LINES
OF ECOSYSTEM
CONSERVATION

- 육상생태계 보전의 역사와 현황, 그리고 미래를 위한 실천법까지
- [보전 노력: ① 보호지역] 광릉숲 550년, 숲지기와의 만남
- [보전 노력: ② 복원] 무너진 지렁이 집 수리와 관련하여
- 세계 보전 현황

© JACLOU-DL

정성희
국립수목원
임업연구사

정성희 연구사는 생태계의 보전과 복원을 삶의 가장 근본적인 책임으로 여겨온 식물생태학 연구자다. 『The Conservation Frontier』는 그녀가 구상한 가상의 정책 저널이자, 인간과 생태계가 공존할 수 있는 보전 전략의 새로운 지평을 제시한 기록이다. 그녀는 보호구역 확대나 법제도 정비를 넘어, 훼손된 생태계를 되살리는 복원 생태학의 실천, 시민과 함께하는 상상력 기반의 보전 모델을 강조해왔다.

육상생태계 보전의 역사와 현황, 그리고 미래를 위한 실천법까지

- 육상생태계를 구하는 여섯 가지 방법: 생물다양성의 감소 곡선을 되돌리려면, 지금까지의 보전 전략에서 벗어난 새로운 전환이 필요하다.

- 생태적 상상력으로 떠나는 보전 여행: 광릉숲 550년의 역사와 망가진 지렁이 집 이야기 속에서 보호지역 지정과 생태 복원의 의미를 찾아본다.

- 세계 보전 현황: 보전은 누가, 어디서, 어떻게 하고 있을까? 국내외 기관들과 전체 현황을 한눈에 정리해본다.

● SDGs 15, 육상생태계를 구하는 여섯 가지 방법 ●

챗GPT에게 '지구를 보전하는 방법'에 대해 물어봤다.

지구를 보전하는 방법은 다음과 같습니다.

- ☑ **에너지 절약하기:** 불필요한 전기를 끄고 에너지 효율이 높은 제품을 사용하는 것만으로도 탄소배출을 줄이는 데 도움이 된다.
- ☑ **재활용 실천하기:** 쓰레기를 분리배출하고 재사용 가능한 제품을 선택하면 자원의 낭비를 막을 수 있다.
- ☑ **친환경적인 교통수단 이용하기:** 자전거를 타거나 대중교통을 이용하면 탄소발자국을 줄일 수 있다.
- ☑ **친환경 소비 실천하기:** 불필요한 소비를 줄이고 친환경적인 제품을 선택하는 것은 지속가능한 지구를 만드는 중요한 과정이다.
- ☑ **물 절약하기:** 짧은 샤워를 습관화하고 물 사용량을 줄이면 물 부족 문제 해결에 기여할 수 있다.
- ☑ **나무 심기 및 정원 가꾸기:** 작은 정원을 가꾸거나 나무를 심는 것만으로도 생태계를 보호하는 데 큰 도움이 된다.
- ☑ **환경보호 활동 참여하기:** 환경단체 활동에 참여하거나 자연보호 캠페인에 동참하는 것도 좋은 실천 방법이다.

이런 실천을 통해 지구를 지키는 데 큰 도움이 될 수 있습니다!

우리가 흔히 듣는 '지구를 지키는 방법'이다. 이러한 방법들은 개인의 행동을 중심으로 한 실천 방안들이다. 하지만 지속가능발전목표(SDG) 15번, 즉 '육상생태계 보호'를 위해서는 개인적인 노력뿐만 아니라 더욱 체계적이고 정책적인 접근도 필요하다. 국제학술지『네이처(Nature)』에 발표된 연구에 따르면,[1] 육상생태계를 보호하기 위해서는 개인의 일상적 실천을 넘어선 전략이 필요하다고 한다.

© ChiemSeherin, pexels

육상생태계를 보호하는 여섯 가지 주요 방법

연구에서는 육상생태계를 보호하기 위해 보전 노력(C), 공급 측 노력(SS), 수요 측 노력(DS)의 세 가지 범주에서 접근해야 한다고 제안했다.

보전 노력(C)

- **보호지역 확대 및 관리 개선**: 생물다양성이 높은 지역을 보호구역으로 지정하고, 기존 보호지역의 관리 방안을 개선해야 한다. 연구에서는 전체 육상생태계의 약 40%를 보호지역으로 지정해야 한다고 제안한다.
- **훼손된 지역의 복원**: 이미 파괴된 서식지를 복원하고, 경관 수준에서의 생태계 보전계획을 수립해야 한다. 2050년까지 전체 육상생태계 면적의 약 8%를 복원하는 것이 필요하다.

> 보호지역을 지정하는 것은 단순히 자연을 보존하는 차원을 넘어 개발과 보전 사이의 균형을 맞추는 데 중요한 역할을 한다. 점점 증가하는 인구와 그에 따른 식량 수요, 주거지 확대는 많은 자연 서식지를 인간의 용도로 전환시키고 있으며, 이는 육상생태계에 가장 큰 위협 중 하나다. 생물다양성이 높은 지역이나 생태적으로 중요한 지역을 보호지역으로 지정함으로써 이러한 무분별한 개발을 막고 생태계를 지킬 수 있는 토대를 마련할 수 있다.

1954년, 나무 없이 황폐했던 우리나라 숲의 모습이다. 다행히 우리는 끊임없는 보전 노력으로 새롭게 숲을 되살릴 수 있었다. 2100년까지 남은 보전 과제들은 무엇일까? ⓒ 산림청

데서 끝나는 것이 아니라, 인간의 삶과 맞닿아 있는 식량 생산과 소비 구조 전반을 바꾸는 것이 필요하다.

- **농업 생산성 향상:** 더 적은 토지로 더 많은 식량을 생산할 수 있는 기술 개발과 지속가능한 농업 방식의 도입이 필요하다. 이를 통해 새로운 토지 개간을 줄이고, 기존 자연생태계의 훼손을 막을 수 있다. 스마트 농업 기술, 지속가능한 작물 선택, 생물다양성을 고려한 농업 관리 방안이 이에 포함된다.
- **농산물 거래 활성화:** 국가 간 식량 무역 장벽을 낮추어 식량 자원이 효율적으로 분배되도록 한다면, 특정 지역에 집중되는 무리한 농업 개발을 줄일 수 있다. 이를 통해 자원이 부족한 지역은 안정적인 식량 확보가 가능하고, 생물다양성이 풍부한 지역은 무분별한 농지 전환을 피할 수 있다.

수요 측 노력(DS)

- **식품 낭비 절반으로 줄이기:** 전 세계적으로 생산된 식량 중 상당량이 유통 과정이나 가정에서 버려지고 있다. 이러한 낭비를 줄이면 불필요한 생산을 줄일 수 있고, 이는 곧 환경에 가해지는 부담도 덜 수 있다는 의미

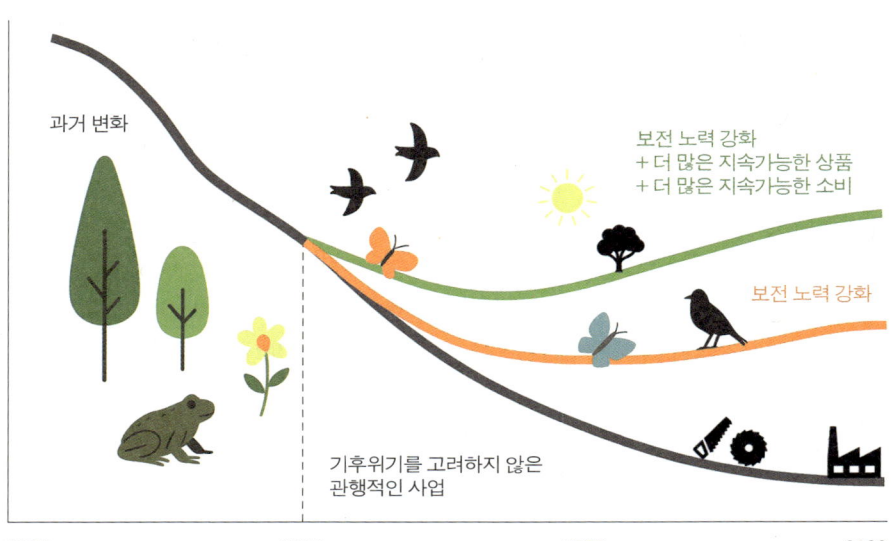

육상 생물다양성의 감소 곡선을 되돌리기 위한 시나리오 결과(Leclère 등 2020 참고)

다. 효율적인 유통 시스템 개선과 소비자의 인식 변화가 필요하다.
- **동물성 제품 소비 줄이기:** 특히 육류 소비가 많은 지역에서는 동물성 칼로리 비율을 절반으로 줄이는 것이 필요하다. 이는 가축 사육에 소모되는 토지, 물, 사료 등의 자원을 줄이고, 결과적으로 생물다양성 보전에 기여할 수 있다. 전통 식단의 회복, 대체 단백질의 확대, 식습관 전환 교육 등이 함께 고려되어야 한다.

이러한 공급과 수요 측의 변화는 단순히 식량 생산의 효율성을 높이는 데 그치지 않는다. 보전 노력과 병행되어야만 진정한 시너지 효과를 낼 수 있다. 식품 시스템의 변화 없이는 보전 노력으로 인해 오히려 식량 공급 문제가 발생할 수 있으며, 이는 생태계 보전 정책에 대한 사회적 저항을 유발할 수 있다.

따라서 육상생태계를 지키기 위해서는 보전(C), 공급(SS), 수요(DS) 세 가지 노력 모두 균형을 이루어야 하며, 이 과정은 기후변화 대응, 외래 생물 침입 방지 등 다른 지속가능발전목표들과 충돌하지 않도록 조율되어야 한다. 오히려 이러한 노력이 서로를 보완하며 시너지를 낼 수 있는 방향으로 설계되어야 할 것이다.

우리나라의 보전 노력 – 숲을 되살린 나라, 한국

우리나라 숲 또한 생계를 위해 오랜 시간 동안 지속적으로 이용되고 관리되어왔다. 특히 조선 시대 후기부터는 산림 황폐화와 관련된 문제들이 본격적으로 나타나기 시작했다. 당시 강력하게 추진되었던 농업 촉진 정책은 인구 증가를 불러왔고, 이는 곧 더 많은 식량을 확보하기 위해 숲을 개간하여 농경지로 전환하는 토지 이용의 급격한 변화를 초래했다. 여기에 더해 육식동물 개체 수 급감으로 인해 생태계 내부의 균형이 무너지고 조절 기능이 약화되면서, 산림 생태계 전반이 심각한 위협에 처하게 되었다.

오랜 기간 동안 우리 조상은 생계를 위해 화전(火田)을 일구었고, 난방과 조리를 위한 땔감 확보를 위해 임산물을 채취했다. 이러한 활동은 산림을 점점 더 황폐화시켰고, 많은 지역이 벌거벗은 민둥산으로 변해갔다. 실제로 20세기 중반까지만 해도 우리나라의 산림은 척박하고 메마른 상태였으며, 자연의 회복력만으로는 재생이 어려운 상황이었다.

하지만 불과 반세기 만에 우리나라의 숲은 성공적으로 복원되었다. 그 배경에는 정부의 강력한 정책적 개입과 체계적인 조림 사업이 있었다. 특히 1970년대부터 본격화된 산림녹화 계획과 대규모 식목 사업은 전국적인 차원에서 이루어졌으며, 지역주민의 적극적인 참여와 협력이 더해져 성공적인 결과를 낳았다. 동시에 화석연료, 특히 석탄이 주요 연료 자원으로 대체되면서 땔감을 위해 숲을 훼손할 필요가 줄어들었고, 그에 따라 숲은 점차 사람의 손에서 벗어나 자연으로 돌아갈 여건이 마련되었다.

이러한 경험은 자연의 회복이 자원 이용 방식의 변화, 정부 정책의 방향 전환, 사회적 인식의 전환이 맞물렸을 때 비로소 가능했음을 보여주는 중요한 사례다. 이는 곧 보전 노력뿐만 아니라 공급과 수요 측면에서도 구조적 변화가 함께 이루어져야 육상생태계 전체의 지속가능성이 확보될 수 있음을 시사한다. 우리가 숲에서 보여준 회복 가능성은 이제 식품 시스템과 다른 자원 순환 체계에도 적용될 수 있어야 한다.

그렇다면 육상생태계 보전을 위한 우리 개인의 기후행동은 어떤 방식으로 이루어져야 할까? 물론 우리 모두 육식을 줄이고 완전한 채식주의자가 될 수는 없다. 하지만 중요한 것은 극단적인 선택이 아니라, 일상 속에서 조금씩 더 나은 선택을 하려는 태도다. 생태적 상상력을 키우고, 우리가 남기는 생태/발자국 등에 대해 인식하며 행동하는 것이 그 시작일 수 있다.

우리가 입고 먹고 거주하는 모든 활동에는 자원이 들어간다. 하루 세 끼 먹는 음식, 입는 옷 한 벌, 살고 있는 집 한 채가 자연으로부터 어떤 자원을 얼마나 빌려온 결과인지 상상해본다면, 자원 소비의 무게를 새삼 느낄 수 있다. 그 상상은 곧 책임 있는 행동으로 이어질 수 있고, 그런 변화들이 모이면 큰 흐름을 만들 수 있다.

1970년대 우리나라 산림 황폐지 모습.
식목일 행사를 진행하고 있다. ⓒ 산림청 사진자료실

이와 관련해 쌀 한 톨의 무게가 곧 우주의 무게라는 평화 가수 홍순관 님의 노래를 떠올려볼 수 있다.

ⓒ zhugewala, pexels

쌀 한 톨의 무게는 얼마나 될까
내 손바닥에 올려놓고 무게를 잰다
바람과 천둥과 비와 햇살과
외로운 별빛도 그 안에 스몄네
농부의 새벽도 그 안에 숨었네
나락 한 알 속에 우주가 들었네
- 「쌀 한 톨의 무게」, 홍순관

쌀 한 톨의 무게는 단순한 양적인 무게가 아니라, 자연과 인간의 수고와 시간이 축적된 무게다. 우리가 매일 소비하는 것들의 이면을 상상하는 일이 곧 생태계 보전을 위한 감수성의 출발점이다.

결국 중요한 것은 환경을 지키겠다는 거창한 선언이 아니라 생태적 상상력을 가지고 현재의 우리 삶을 되돌아보고, 조금씩 더 나은 방향으로 움직이려는 태도다. 예를 들어, 지역 농산물을 구매하거나 계절 식단을 따르는 것, 우리가 먹는 한 끼의 식사, 사용하는 일상 물건 하나하나가 어디서 왔고 어떻게 만들어졌는지 생각해보고, 자연에 어떤 영향을 미치는지 자문하는 것. 이러한 작은 질문들이 모여 우리의 행동을 바꾸고, 결국은 큰 흐름을 만들어낸다. 이런 생활 속 기후행동은 우리의 생태발자국을 줄이는 동시에, 더 나은 소비문화와 사회적 변화를 촉진할 수 있다.

또한 우리는 시민으로서 환경에 관한 정책 결정에 관심을 기울이고 참여할 수 있다. 환경 관련 정보에 귀를 기울이고, 법안이나 정책이 마련되는 과정을 이해하며, 때로는 그 과정에 직접 참여하거나 의견을 제출하는 등 다양한 방식으로 목소리를 낼 수 있다. 지방자치단체에서 실시하는 공청회나 설문조사에 참여하거나, 생태 관련 토론회나 캠페인에 자발적으로 참여하는 것도 하나의 방법이 된다. 일상 속에서 만나는 작고 소소한 기회들을 통해 우리 스스로 환경보호의 주체로 설 수 있으며, 이는 지속가능한 사회로 나아가는 데 큰 기반이 된다. 보호지역을 어디에 지정할지, 우리 동네 자원순환 체계를 어떻게 바꿔나갈지에 대해 적극적으로 의견을 나누고 필요한 경우 목소리를 낼 수 있다면, 그것만으로도 충분히 의미 있는 변화의 시작이 될 수 있다.

[보전 노력: ①보호지역]
"광릉숲 550년, 숲지기와의 만남"

"1468년 9월 28일 조선의 세조가 승하했다."

이것은 550여 년의 역사를 품은 광릉숲에 관한 최초의 보전 기록이다. 세조의 능지는 신하들의 신중한 간심 끝에 오늘날의 경기도 남양주시 진접읍 부평리 일대에 자리 잡았다.

조성된 지 557년이 지난 지금의 광릉은 그 이름보다 광릉숲으로 더 알려져 있다. 능의 이름이 숲의 이름으로 불리며 한국 생태 보전의 상징적인 장소가 되어왔다. 처음엔 왕의 안식을 위한 공간이었지만, 시간이 흐르면서 이 숲은 단지 한 사람의 무덤이 아닌 살아있는 자연과 생태계의 보전 현장이자 수많은 생명의 집이 되었다. 광릉 주위는 30여만 평의 넓은 숲으로 100세 넘은 거목들이 울창하여 새들의 낙원을 이루고 있다.

그리고 그 역사에는 언제나 '사람'이 있었다. 자연이 저절로 지켜진 것이 아니라, 수백 년 동안 이어져온 숲지기들의 보이지 않는 헌신이 있었기에 가능한 일이었다. 이번에는 광릉숲을 지켜온 숲지기들의 발자취를 따라가 보려 한다. 어림잡아 숲지기의 임기를 10년으로 계산해도 55대는 족히 넘었을 이 긴 세월 속에서, 우리는 기록되지 않았을 수도 있는 이들의 손길을 하나하나 되짚어보며 보호지역이라는 공간이 어떻게 탄생하고 유지되어왔는지, 그리고 그것이 오늘날 우리에게 어떤 의미로 남아 있는지 함께 살펴보고자 한다.

1932년 죽엽산의 남쪽에서 바라본 광릉숲 전경. 물푸레봉과 소리봉
ⓒ 조선총독부임업시험장

1468년 10월 첫 번째 숲지기. 처음 이 숲을 관리한 인물은 종9품의 능참봉이었다. 그는 고을 수령과 함께 임금의 장례 및 제향과 관련된 업무를 총괄했고, 숲을 관리하는 산지기들과 보호원들을 지도·감독했다. 광릉 조성 공사는 11월 중순에 시작되었다. 능을 조성하기 위해 풀을 베고 땅을 파는 참초파토(斬草破土) 과정이 진행되었고, 제향(祭享)을 위한 건물 공사 후 조경 및 식물 식재와 청소를 해야 했다. 부속지 주위에는 경계선을 표시하기 위해 능역 주위에 너비 6자(181.8cm) 정도의 도랑을 파고 그 흙으로 안쪽 편에 흙 제방을 쌓아 일종의 방화선을 만드는 것이 끝나야 능 조성이 마무리되지만, 겨울이라 땅이 얼어서 공사 상황이 더디고 진척이 없었다. 예종(睿宗)은 능 조성 공사에 동원된 일꾼들에게 술과 약, 음식을 하사하며 공사를 독려했다.[2]

광릉숲 보호 업무만을 전담하는 산지기 20명이 배치되었다. 산지기들은 죽엽산, 화전현, 축석고개 등 여러 구역에 주둔하며 밤낮없이 숲을 순찰했다. 능참봉은 능역이 훼손되지 않도록 소나무, 잣나무, 전나무 등의 어린나무를 옮겨 심고 땔감을 채취하는 일 등을 금지하여 위반하는 사람들을 법적으로 강하게 처벌했다.

하지만 이 숲도 수많은 시련을 겪었다. 조선 후기에는 조선 전기와 달리 산림 황폐화와 관련된 문제들이 심각하게 나타나기 시작했다. 임진왜란 때는 능침과 인근 절이 모두 불에 탔고, 더불어 광릉숲 또한 산불 피해를 입었다. 임진왜란 이후에는 조선 후기 국가 소유의 산림 천택 및 왕실의 능침 숲 또한 황폐화를 피할 수 없었다.

광릉숲 전경 ⓒ 정성희

1618년 3월 광릉숲에도 사람들이 침입해 순식간에 나무 550주를 베어갔다.

능침의 나무들을 멋대로 베어내니 이는 일찍이 있지 않았던 일로 놀랍기 그지없다. 그리고 벌목한 곳에 즉시 다른 나무들을 가지고 가서 해조 낭청이 참봉과 동행하여 심도록 하라. 그런데 참봉은 어디에 갔기에 즉시 금지해 쫓아 보내고 첩보하지 않았단 말인가. 참봉을 국문해야 마땅하겠다마는 지금은 우선 추고하라.[3]

1618년 3월 27일 이 일로 15번째 숲지기, 광릉숲 능참봉을 국문하시겠다는 어명이 내려왔다. 범인은 바로 잡혔고, 벌목한 곳에 즉시 다른 나무들을 가지고 가서 심도록 하라고 하셨다. 이미 잘린 나무는 궁 안에서 쓰기로 정리되었지만, 이 일로 능참봉에게 책임을 물었다. 이처럼 광릉숲은 단순히 보호 대상이 아닌, 지켜야 할 생명체처럼 다뤄졌다.

1861년 김정호가 제작한 『동여도(東輿圖)』에 나타난 광릉숲[17] ⓒ 한국학자료포털

토지조사사업을 위한 토지측량 모습
ⓒ 국사편찬위원회

조선 후기의 크고 작은 사건과 함께 광릉숲에 460여 년의 시간이 흘렀다. 광릉숲은 **일제강점기** 조선총독부의 관리하에 광릉시험림이 되었다.

1911년 44번째 광릉숲 숲지기에게 외국인들이 찾아왔다. 일본사람들은 국유임야를 구분하는 조사를 하고, 이제는 이곳이 나무를 키우는 묘포장이 될 거라고도 했다. 신부님 복장을 한 어떤 사람은 과학자라고도 했는데, 광릉숲의 생물들을 조사하고 싶다고 했다. 그 사람들은 숲지기들의 안내를 받아 광릉숲의 생물들을 하나둘 기록했다.

1924년 7월 조선총독부는 46번째 새로운 임업관리를 광릉시험림에 파견했다. 보호원 3명도 함께 파견되어 엄중하게 산지를 보호·단속하게 했다. 1929년에는 광릉숲에서 본격적으로 연구를 시작했다. 조림, 이용, 복원 등 산림 분야 대규모 시험연구를 진행하도록 관리 2명이 증원되었다.

일제강점기 이후 광릉숲이 산림과학계와 생물학계에서 중요한 지역으로 부상하면서,

소리봉 동쪽에 있는 굴참나무 노거수.
줄기 둘레는 4m 27cm
ⓒ 조선총독부임업시험장

광릉숲 안에 있는 밤나무 노거수.
줄기 둘레는 4m 56cm
ⓒ 정성희

이곳은 우리나라 최초의 생물다양성 보고서가 작성된 지역이 되었다. 1927년에는 광릉숲 임상도가 제작되었고, 1932년에는 근대적 조사 방법을 통해 기록·발표된 『광릉시험림 일반』에 숲의 생태와 생물다양성이 담겼다.

지금은 지방자치단체마다 '도시생태현황지도'를 작성해 지역별 생태 정보를 찾아볼 수 있지만, 광릉숲에서 이런 첫 시도가 없었다면 오늘날 우리가 당연하게 여기는 이러한 작업이 언제쯤 가능했을지 짐작하기 어렵다.

생물다양성 조사 장소로서 장기생태모니터링을 포함한 다양한 조사가 이루어졌다. 연구가 깊어지면서 광릉숲에서 처음 발견된 종들이 여럿 보고되었다. 이 연구들로 인해 광릉에서 새롭게 발견된 종들은 '광릉○○'이라는 이름을 얻게 되었고, 지금까지도 신종과 미기록종 66종 이상이 보고되었다.[4]

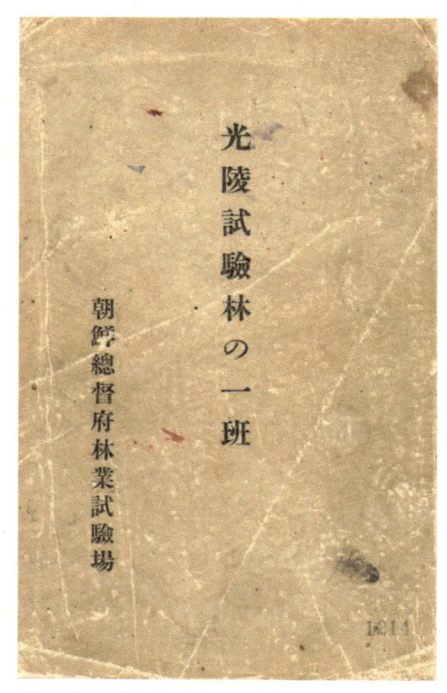

광릉시험림 일반 ⓒ 1932. 조선총독부임업시험장

광릉숲은 또 하나의 생명의 이름으로 기억된다. 바로 크낙새다. 이 멸종위기종으로 인해 1962년 광릉숲 일대가 천연기념물로 지정되는 계기가 되었다. 광릉숲은 200년 이상의 크고 오래된 나무들이 사는 숲으로, 크낙새가 둥지를 틀고 살기에 적합했다. 1979년 이후부터 번식 생태에 대한 조사가 이루어졌는데, 매년 1쌍이 다른 둥지를 이용하여 번식해왔음을 확인할 수 있었다. 광릉숲의 51번째 숲지기들은 대중의 관심에 힘입어 유네스코 생물권보전지역 지정을 위한 작업을 시작했다. 1981년 생물권보전지역 지정을 위해 유네스코 현지조사 시 보호구역 지정이 적합하다는 의견을 통보받았지만, 소리봉(광릉숲 정상) 지역의 확고한 보전대책을 마련하지 못해 보전지역 지정에서 제외됐다.

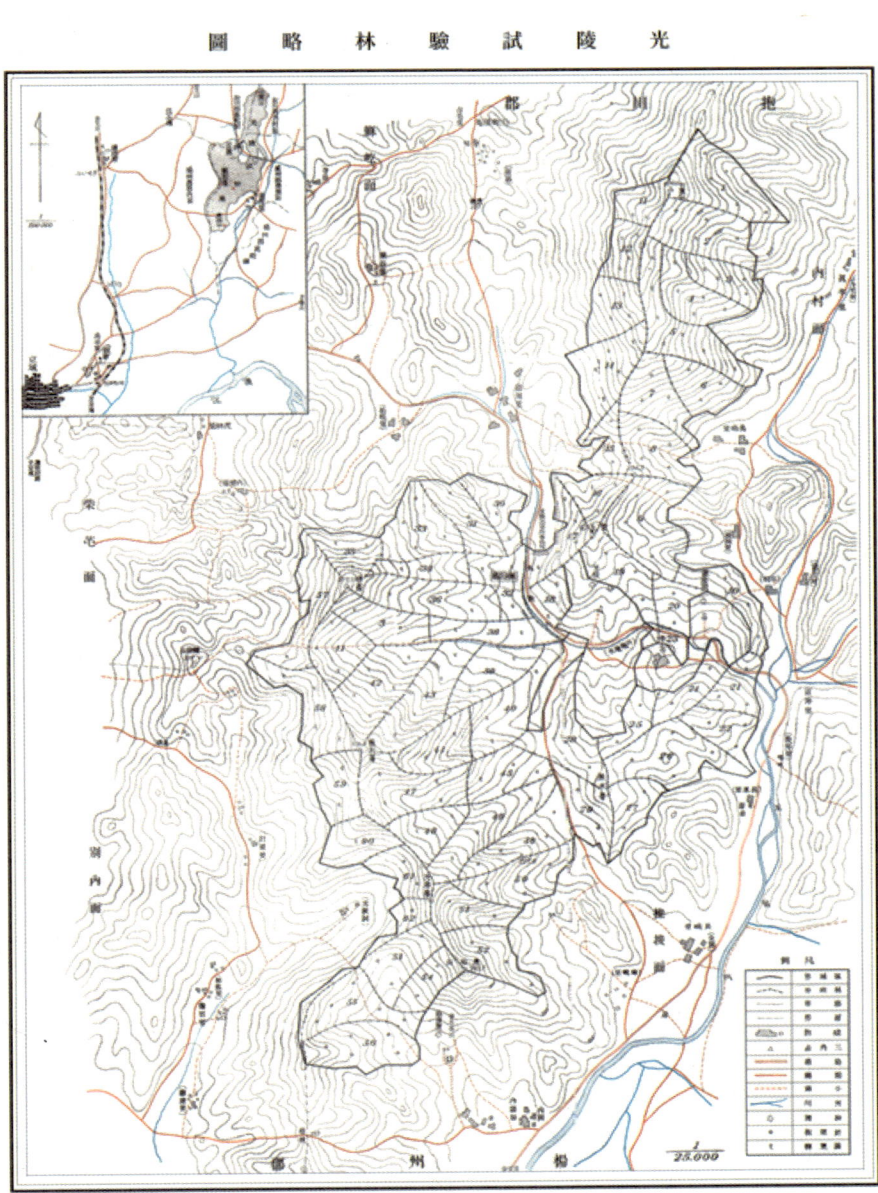

광릉시험림 약도 ⓒ 1932. 조선총독부임업시험장

더욱 확실한 보전 의지를 보여줄 필요가 있었다. 1987년 광릉숲에 산림청 광릉수목원(현 국립수목원)이 개원하고, 1997년부터 광릉숲 보전 종합대책이 수행되었다. 수목원은 관광과 여가활동만을 위한 공원이나 유원지가 아니다. 수목원이 다양한 식물유전 자원을 수집·증식·보전·관리 및 전시하고 그 자원화를 위한 학술적·산업적 연구를 위한 시설이기 때문에 수목원 개원은 광릉숲 보전대책을 실행하는 가장 좋은 방법이었다. 1999년 5월 국립수목원에서는 1개 과에서 보전 업무를 담당했다. 이후 생물다양성의 보전 노고를 인정받아 2010년 유네스코 광릉숲 생물권보전지역으로 등재되었다.

앞으로는 광릉숲에 어떤 일들이 일어나게 될까? 550년 넘게 광릉숲을 지키고 있는 국립수목원의 55번째 현 숲지기들은 숲의 동태를 살핀다. 광릉숲에서 사라진 생물을 복원하고, 미래의 기후변화에 대응하기 위한 준비를 하고 있으며, 생태계를 관찰하고 연구하는 일을 쉼 없이 이어간다.

세월의 흐름 속에서 숲은 끊임없이 변한다. 이러한 자연의 동태를 존중하면서도 일정한 생태적 안정성을 유지해야 하는 것이 보호지역의 핵심 과제다. 이를 위해선 단지 울타리를 치고 출입을 막는 것만으로는 부족하다. 숲의 건강을 세밀하게 관찰하고, 생태계의 변화에 맞춰 조심스럽게 개입하며, 지역사회와 함께 보전의 의미를 공유해야 한다. 그대로 보전하는 일은 멈추지 않는 돌봄의 연속이며, 수많은 사람의 손길과 마음이 모일 때만 가능해진다.

세조의 능을 조성했던 조선의 일꾼들, 무거운 책임을 지고 순찰을 돌았던 산지기들, 일제강점기부터 오늘날까지 숲을 기록하는 연구자들까지. 광릉숲은 단지 나무와 땅의 공간이 아니라 550년을 이어온 보전의 이야기이자 생명과 시간, 그리고 사람의 기억이 살아있는 숲이다.

[보전 노력: ② 복원]

무너진 지렁이 집 수리와 관련하여

○○이가 흙놀이를 하다가 지렁이 집을 부쉈다. 지렁이들은 할 수 있는 모든 방법을 동원해봤지만, 결국 스스로는 집을 고칠 수 없다는 사실을 깨달았다. 그래서 결국, 사람의 손길을 빌리기로 했다. 지렁이들이 집수리를 도와달라고 우리를 찾아왔다. "여기, 여기 우리 집이 무너졌어요! 제발 도와주세요!"

"우리는 지렁이 집을 수리하기 위해 얼마를 지불할 의향이 있을까?"

이 질문은 단순한 금액 문제를 넘어서, 우리가 자연에 얼마나 책임감을 가지고 투자할 준비가 되어 있는지에 관한 중요한 물음이다. 지렁이 집을 어디까지 고쳐줄 것인가? 완벽하게? 살 수만 있게?

지렁이 집을 완벽하게 고친다고 했을 때 필요한 자원은 생각보다 많다. 흙을 다시 채우고 옮길 뿐만 아니라, 환경이 안정되는 자연회복 능력과 시간을 고려해야 한다. 그 과정에서 들어가는 비용은 단순히 흙을 덮고 끝내는 일이 아니라, 자연의 복원 과정에서 발생하는 장기적 이익을 고려한 투자이기 때문이다. 우리가 자연 복원에 투자하는 금액은 우선순위와 밀접한 관계가 있다. 사람들은 일상적인 경제 활동에서 발생하는 직접적인 이익에 비해, 환경 복원에서 오는 간접적인 이익을 쉽게 평가하지 않는다. 아직 진행 중인 가리왕산 훼손지 복원 문제의 예로, 올림픽경기장으로 사용되었던 시설을 다시 철거하는 비용을 지불하고(약 692억 원 소요 예상) 생태계를 복원하기로 결심하는 것은 현실적으로 쉽지 않은 문제다.

가상의 내용: 우리 가족은 지렁이 집 수리를 하는 데 금 ＿＿＿원을 지불하기로 긴 회의 끝에 결정했다.

서술: 복원에는 절대적인 해결책이 없다. 각기 다른 상황에서 이해관계자들의 협력을 통해 복원 목표가 설정되고 투입하는 자원의 양이 결정되는 것이다. 훼손된 환경을 원래 상태로 되돌리기 위한 복원 작업은 훼손의 정도와 복원에 대한 의지에 따라 다양한 방식으로 진행된다. 일반적으로는 자연의 회복력에 맡기는 방식, 일정 수준의 생물에너지를 투입해 자연의 회복을 촉진하는 방식, 그리고 종자의 파종이나 묘목 식재 등 적극적으로 생물에너지를 투입해 빠른 회복을 유도하는 방식으로 나눌 수 있다.

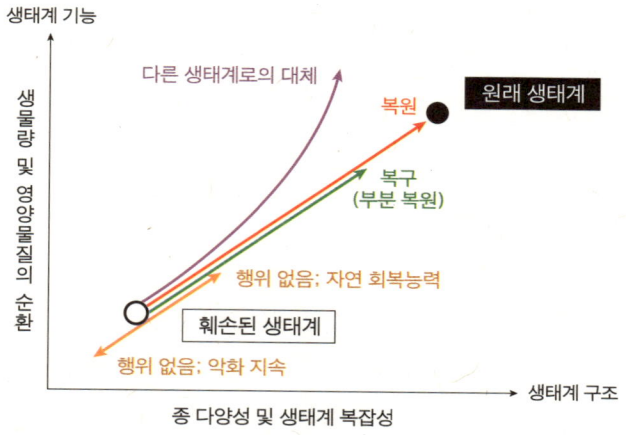

생태 복원의 단계와 유형[18]
ⓒ 이창석 등 2013 참고하여 재작성

지렁이 집이 어찌 생겼는지 생전 알 방법이 없었던 우리는 옆 동네 지렁이를 찾아갔다. 그리고 그 집을 참고해 비슷하게 꾸며주었다.
"불편한 것이 있는지 계속 보러 올게. 편하게 살아."
그렇게 말하고 우리 가족은 지렁이들에게 인사하고 떠났다.

훼손된 자연을 복원하는 것은 단순한 '되돌리기' 이상의 의미를 가진다. 이는 복원생태학의 주요 분야로, 온전한 자연의 체계와 기능을 모방하여 훼손된 자연을 치유하는 환경 기술이다. 마치 의사가 환자를 수술하는 것처럼, 복원생태학은 생태 연구의 결과를 바탕으로 병든 자연을 진단하고 치료하는 과정을 거친다.[5] 그렇기 때문에 훼손지 복원은 매우 엄격하고 체계적인 절차를 따른다. 훼손된 환경을 원래 생태계로 되돌리기 위한 작업은 여러 단계와 세밀한 계획이 필요하며, 단계마다 철저한 과학적 분석과 지속적인 모니터링이 필수다. 이 과정이 제대로 이루어지지 않으면, 복원은 실패할 수밖에 없다. 복원을 위한 단계를 구체화하면 다음과 같다.

1단계: 복원사업의 목표를 명확하게 설정한다.
2단계: 이해당사자 간 목표를 공유하고 공감대를 형성한다.
3단계: 대상 지역을 유형화하기 위해 생태적 속성으로 구분하여 제시한다.
4단계: 현 상태와 이상적 상태의 속성을 비교함으로써 문제점을 파악한다.
5단계: 우선순위를 설정한다.
6단계: 복원 전략을 수립한다.
7단계: 측정 가능한 목표를 설정한다.
8단계: 실행 가능성을 점검한다.
9단계: 복원 전략을 구체화한다.
10단계: 사업에 대한 평가계획을 수립한다.
11단계: 사업 일정 및 실행계획을 수립한다.
12단계: 사업을 평가하고 관리한다.

ⓒ geralt, pexels

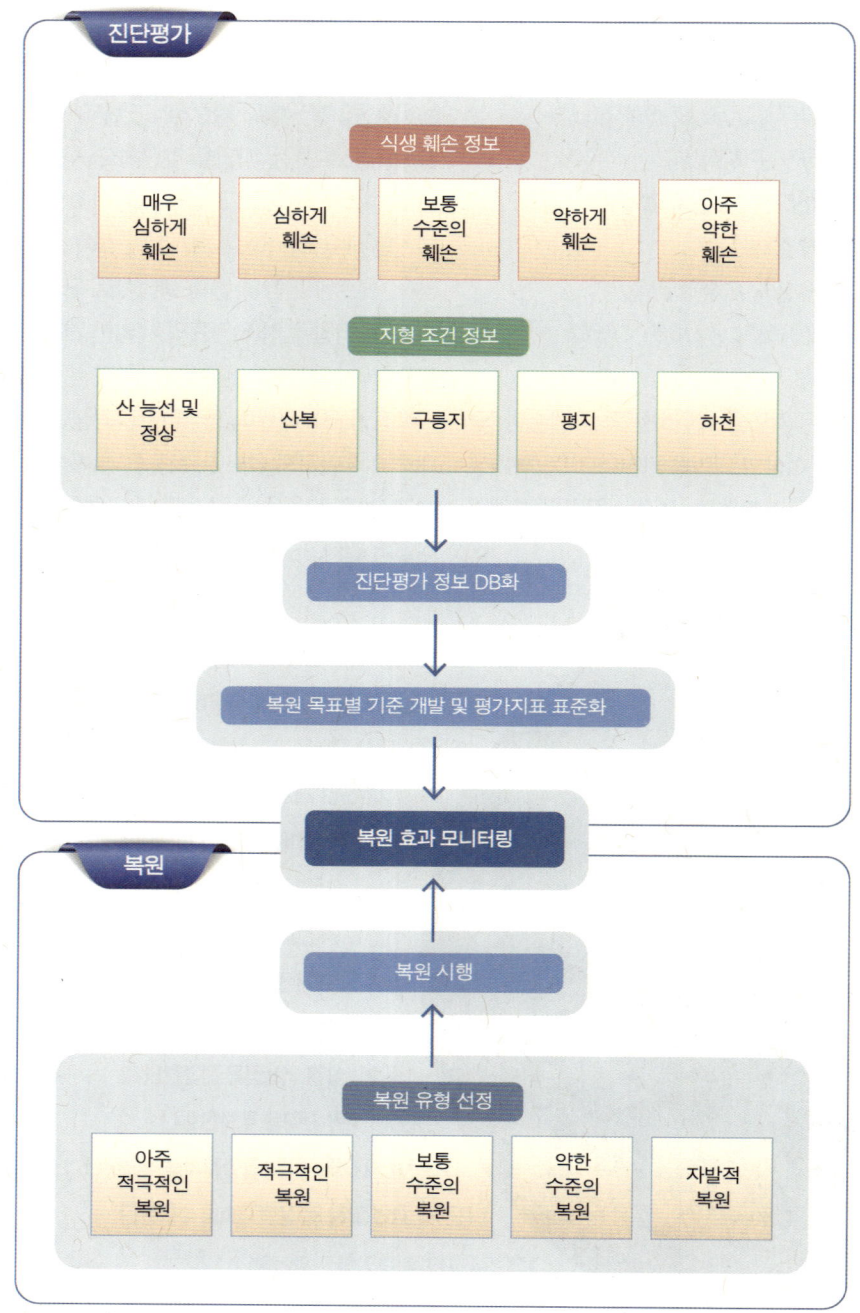

생태복원사업 추진 절차 ⓒ 정성희

시간이 지나면서, 그 작은 집은 점점 풀과 꽃들로 덮여갔다. 우리가 만든 것들이 어느새 자연의 일부가 되어갔다. 그 속에서 지렁이는 자신만의 길을 만들고, 끊임없이 땅속을 돌아다니며 생태계의 중요한 역할을 했다.

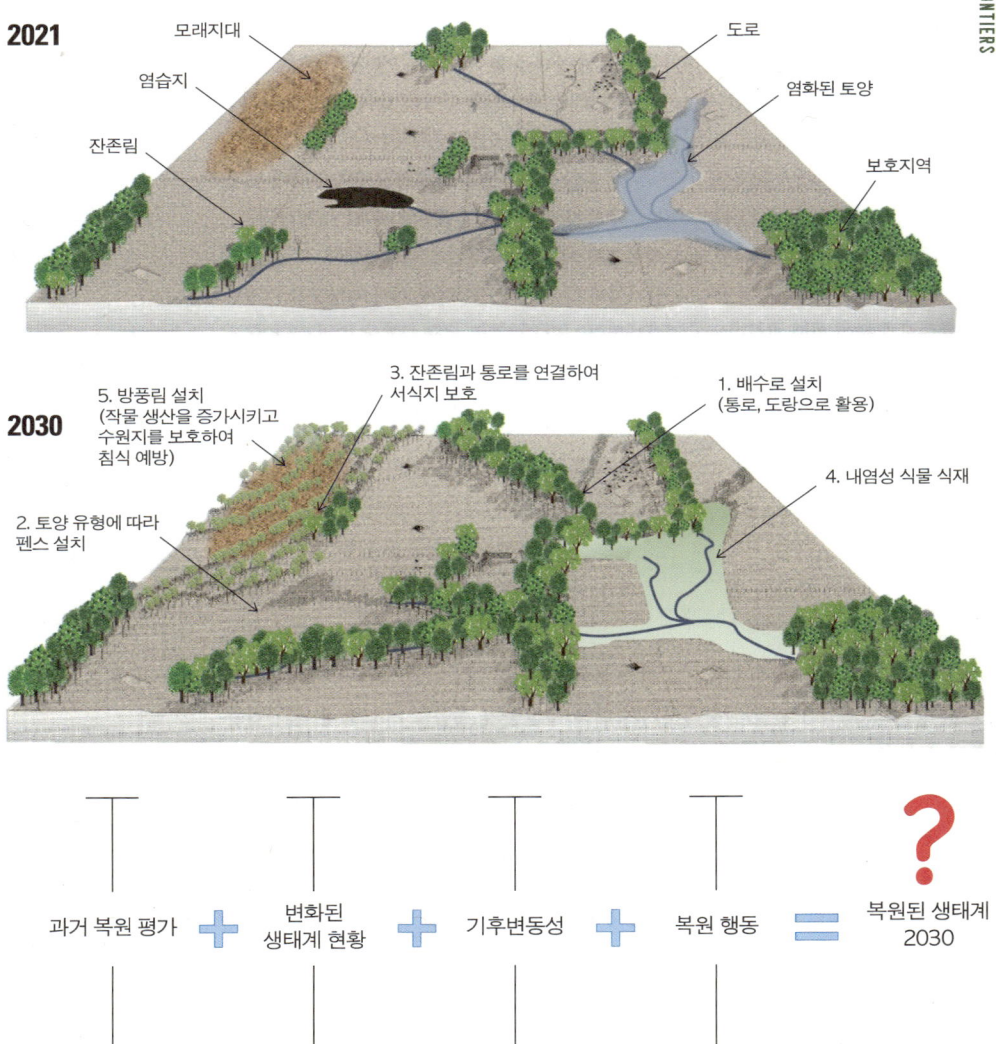

복원 이전의 생태계 현황과 복원 10년 후 예상되는 변화 ⓒ Waltham 등 2020 참고

생태계 복원 프로젝트가 끝났을 때, 우리는 어떻게 그 성공 여부를 평가할 수 있을까? 그 답은 바로 '생태계 구조'와 '생태계 기능'이 목표 상태에 도달했는지에 있다.[6]

생태계 구조란 다양한 생물이 어떤 공간에서 어떻게 살아가고 있는지를 말한다. 즉, 숲속에서 큰 나무들이 자라며 그 아래에 작은 키 나무들과 다양한 풀이 자리를 잡고, 그 속에서 여러 동물이 서식하는 방식이다. 이 모든 것이 생태계 '구조'에 포함된다. 하지만 단순히 나무가 자라고 동물이 살고 있다고 해서 끝이 아니다. 중요한 건 각기 다른 생물들이 어떻게 상호작용하며 생태계의 균형을 이루는지다. 이러한 상호작용이 다양하고 복잡해져야 안정적인 생태계가 되기 때문이다. 복원된 생태계가 원래 상태로 돌아가기 위해선 이 같은 구조가 되는 것이 필수다.

한편, 생태계 기능은 생태계 내에서 일어나는 자연적 과정(또는 작용)을 의미한다.[7] 예를 들어, 식물들은 광합성을 통해 산소를 만들어내고, 생물량을 축적하는 역할을 한다. 땅속의 미생물들은 유기물을 분해해 토양에 영양분을 공급하며, 동물들은 서로 먹고 먹히는 관계 속에서 생태계의 균형을 맞춘다. 이러한 모든 과정이 '기능'에 해당한다. 복원된 생태계가 원래의 기능을 얼마나 잘 회복했는지, 그것이 제대로 발휘되고 있는지 평가하는 것이 복원의 성공 여부를 판단하는 중요한 기준이 된다.

복원된 생태계가 제 역할을 제대로 하고 있는지, 그 기능과 구조가 목표한 수준에 도달했는지 살펴보는 것은 생태계 보전에서 성공적인 결과를 이끌어낼 수 있는 열쇠가 될 것이다. 복원은 단지 원래 상태로 되돌리는 것을 넘어서, 그 이상으로 생태계가 기능하도록 만드는 과정이다.

많은 연구에서 복원을 '도전(challenge)'이라고 표현한다. 우리는 공유지를 위해 얼마나 많은 자원을 투자할 수 있을까? 이 질문은 개인과 국가의 차원을 넘어서 국제사회에서 중요한 문제로 다뤄진다.

유엔은 이미 2021~2030년을 '생태복원의 해'로 선언하며, 기후변화 대응, 식량안보, 생물다양성 향상 등을 목표로 하고 있다. 그렇다면, 우리는 이러한 계획에 얼마나 자원을 투자할 준비가 되어 있는가? 충분한 자원이 확보되었다고 해도 기후변동성 같은 예측할 수 없는 변수들이 여전히 존재한다. 복원 노력이 집중된 10년 후, 지속가능한 환경을 구축하는 데 성공했길 바란다. 이 과정은 미래 세대에 대한 책임의 이행이자 투자이며, 기후변화 대응과 생물다양성 보전의 중요한 바탕이 될 것이다.

세계 보전 현황

▶ **데이터로 보는 생태계 보전의 오늘**

세계 보전 현황을 한눈에 볼 수 있을까? 전 세계는 생물다양성 감소와 기후위기에 대응하기 위해 보호지역과 멸종위기종에 대한 데이터를

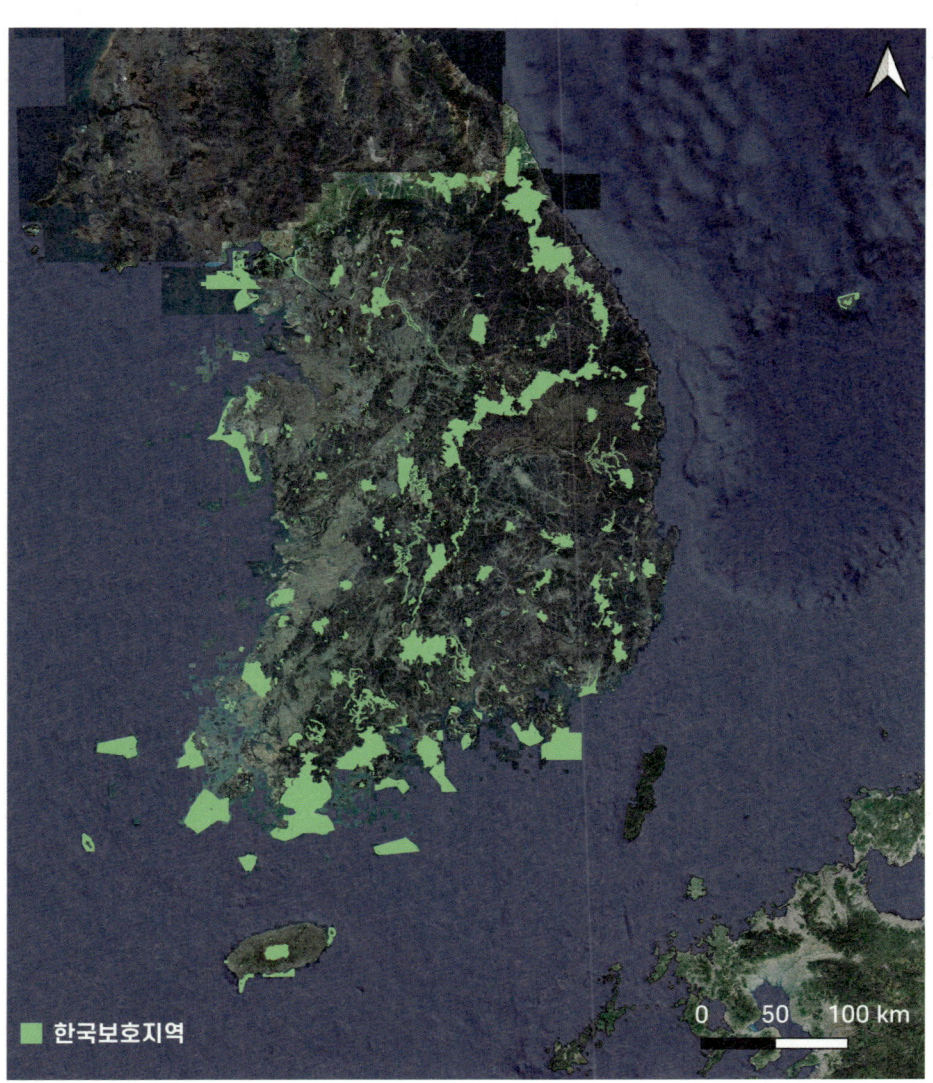

한국보호지역 현황 ⓒ 정성희

구축하여 관리하고 있다. 보호지역 지정 현황부터 개별 생물종의 멸종 위험도까지, 복잡하고 방대한 정보들이 세계보호지역데이터베이스(WDPA)와 IUCN 적색목록(Red List)을 통해 체계적으로 정리되고 공유된다. 지금부터 이 두 가지 핵심 데이터를 통해 생물다양성 보전의 현재를 하나씩 살펴보자.

전 세계적으로 생물다양성 감소와 기후위기에 대한 대응이 중요한 과제로 떠오르면서, 보호지역의 역할이 더욱 주목받고 있다. 이를 체계적으로 기록하고 모니터링하기 위해 구축된 것이 '세계보호지역데이터베이스(WDPA)'다.[8] 이 데이터베이스는 유엔환경계획(UNEP)과 국제자연보전연맹(IUCN)이 공동 운영하며, 전 세계 245개국과 지역에서 약 26만 개 이상의 보호지역 정보를 수집하고 있다.

2024년 기준, 전 세계 육지와 담수의 17.58%, 해양의 8.44%가 보호지역으로 지정되어 있다. 이는 2030년까지 전 지구 면적의 30%를 보전하자는 '30×30' 목표를 향해 나아가는 중간 지점에 해당한다. 하지만 보호지역은 단순히 지정하는 것만으로 충분하지 않다. 실제로 관리 효과성 평가가 이루어진 지역은 아직 일부에 불과하며, 실질적인 보전 성과를 내기 위해서는 관리의 질, 생태계의 대표성, 지역 간 연결성이 뒷받침되어야 한다. 현재 사막, 고산지대, 심해 같은 생태계는 여전히 보호에서 소외되어 있으며, 이러한 불균형은 장기적인 보전 효과를 제한하는 요인이 된다.

또한 최근에는 법적으로 보호지역으로 지정되지 않았더라도 보전에 실질적으로 기여하는 지역, 즉 '준보호지역(OECM)'에 대한 관심도 높아지고 있다. 이는 보호지역 개념의 유연한 확장을 가능하게 하며, 지역사회와 토착민의 자발적인 참여를 이끌어내는 긍정적인 변화로 평가된다.

보호지역이 공간의 보전이라면, IUCN 적색목록은 생물 종 자체의 건강 상태를 기록하는 생명의 경고등이라 할 수 있다. 2024년 기준 적색목록에는 16만 6천여 종이 평가 대상으로 등재되어 있으며, 이 중 약 4만 6,337종(28%)이 멸종위기 범주(CR, EN, VU)에 속한다.

전체 생물종 중 멸종 위험을 평가받은 비율은 아직 5%도 되지 않지만, 평가가 완료된 주요 분류군에서 나타나는 위험 비율은 다음과 같다.

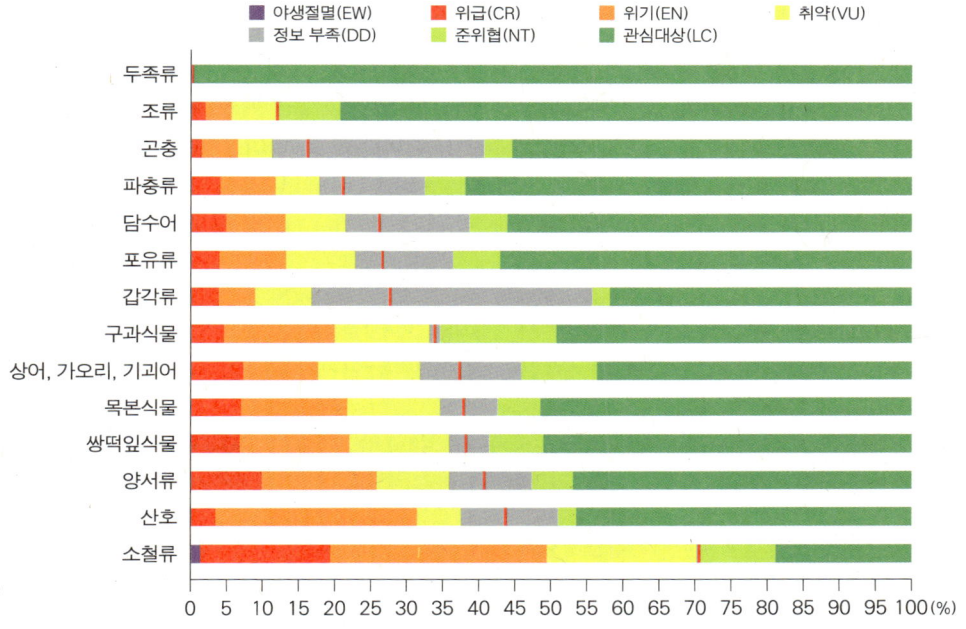

IUCN 적색목록의 분류군별 범주의 비율 ⓒ IUCN 기초 통계 요약 참고하여 재작성

위의 그림은 IUCN 적색목록에 등재된 생물종(멸종된 종 제외)이 각 범주에 따라 어떻게 평가되었는지를 보여준다.[9]

이 그림의 세로 빨간 선은 각 그룹에서 '위협받는 종[심각한 위기(CR), 위기(EN), 취약(VU)] 또는 야생에서 멸종한 종(EW)'의 비율을 나타낸다. 예를 들어, 나무 종류 중 위협종 비율은 38%(35~43%)다. 여기에는 최소 150종 이상으로 구성된 생물군 중 전체 종의 최소 80% 이상이 평가된, 상대적으로 포괄적으로 평가된 그룹들만 포함된다.

양서류와 같이 평가율이 높은 분류군일수록 위협종 비율도 높은 경향을 보인다. 반면, 곤충·균류·조류 등은 평가 자체가 부족해 위협 수준이 실제보다 과소평가될 가능성이 크다.

적색목록은 보전의 우선순위를 제시하고, 위험 요인을 분석하며, 효과적인 보호 조치를 설계하기 위한 기반 역할을 한다. 그리고 실제로 법적 보호, 서식지 복원, 개체 수 관리 등을 통해 위협등급이 낮아진 종들도 존재한다. 멸종 위험의 주요 원인으로는 서식지 파괴, 기후변화, 외래종 침입, 남획 등이 꼽히며,[10] 최근에는 플라스틱 오염, 해양 산성화, 극한기후현상 등 신종 위협

요인도 빠르게 늘고 있다. 정보 부족(data deficient)으로 인해 평가가 어려운 종도 많아 자료의 격차를 해소하는 것이 시급한 과제로 떠오르고 있다.

▶ **국내외 보전기관 소개: 지구생태계는 누가, 어떻게 지키고 있을까?**

생물다양성 보전은 어느 한 기관이나 국가의 노력만으로는 이뤄질 수 없다. 지구의 생물다양성과 생태계를 지켜내기 위해서는 지역 단위의 실천과 국제적인 협력이 함께 이루어져야 한다. 이를 위해 세계 각국은 다양한 전문 기관을 설립하여 긴밀한 협력을 이어가고 있다.

우리나라에서도 육상생태계 보전을 위해 국립생물자원관, 국립생태원, 국립공원연구원, 국립산림과학원, 국립수목원 등 다양한 기관이 중심이 되어 활동하고 있다. 우리

상위 기관	기관명	설립 목적	기관 유형	소재지
환경부	국립생물자원관	- 국가 생물자원의 효율적 보전·관리 시스템을 구축하여 생물주권 구현 - 21세기 전략사업인 생물산업(BT)의 육성·지원 기반을 확립하여 국가 경쟁력 강화 - 전시·교육을 통한 생물다양성, 생물자원 인식 제고 및 전문인력 양성[11]	정부 기관	인천
	국립생태원	- 생태계 건강성 회복을 위한 생태 조사·연구 - 생태계 복원 및 기술개발 기능 수행[12]	준정부 기관	충남 서천군
	국립공원공단 (국립공원연구원)	- 국가 핵심자연보전과 국민행복에 기여하는 연구서비스 제공[13]	준정부 기관	강원 원주시
산림청	국립산림과학원	- 산림가치 선순환과 국민 행복에 기여하는 산림과학 연구 수행[14]	정부 기관	서울
	국립수목원	- 산림생물종 보전 및 자원화를 통한 국민 삶의 질 향상, 국가 경제발전 기여[15]	정부 기관	경기 포천

나라를 대표하는 생물다양성 보전 기관들의 역할과 차이점을 함께 알아보자.

각 기관의 설립 목적과 기관 유형은 다음과 같다.

이들 기관은 설립 배경과 연구 초점은 다르지만, '생물다양성 보전을 위한 연구와 실천'이라는 공통된 목표를 향해 나아가고 있다. 법적 근거와 주무 부처에 따라 역할과 업무 방식은 다양하지만, 모두 연구기관으로서의 성격을 바탕으로 전문적인 보전 활동을 수행한다.

먼저, 생물의 산업화·자원화의 중요성에 초점을 맞춘 기관은 환경부 산하의 국립생물자원관과 산림청 산하의 국립산림과학원 및 국립수목원이다. 반면, 생태계 변화와 복원 연구에 집중하는 기관은 국립생태원과 국립공원공단(국립공원연구원)이다.

국립생물자원관은 우리나라 생물자원 발굴조사와 국가생물종 목록 및 생물종 표본 정보를 구축하는 역할을 하고, 연구 결과를 통해 생물산업을 지원한다. 또한, 우리나라 「생물다양성 보전 및 이용에 관한 법률」 제17조제2항에 따라 생물다양성의 체계적인 보전·관리 및 생물자원의 지속가능한 이용을 위해 **국가생물다양성센터를 운영한다.** 생물다양성협약(CBD) 사무국은 우리나라에서도 국가생물다양성 정보공유체계(CBD-CHM)를 운영하고,[16] 이에 대해 국가 연락기관(National Focal Points) 선정을 요구했다. 우리나라에서는 환경부와 외교부가 공식적인 국가 연락기관이며, 이를 관리하는 곳이 국립생물자원관에 소속된 국가생물다양성센터다.

산림청 산하기관 중 **국립산림과학원**은 '임업 분야 과학기술 혁신'이라는 목적과 목표가 뚜렷한 연구를 진행한다. 따라서 산림 생명자원에 대한 유전다양성이 보호 및 보전 대상이 된다. **국립수목원**은 산림생물종 다양성 연구를 중점 수행하며, 더불어 보호지역에 대한 보전생태 연구를 수행한다. 특히 수목원(식물원)이라는 기관의 특성상 희귀식물의 증식이나 종자 보전 등 현지 외 보전 업무에 더욱 중점을 둔다.

국립생태원은 우리나라 생태계 건강성에 대한 전반적인 조사와 연구를 수행하며, **국립공원공단(국립공원연구원)**은 핵심 자연보전구역인 국립공원 범위 내에서 보전 연구를 주로 수행한다. 국립생태원과 국립공원공단은 모두 종 복원 관련 기관(센터)을 운영하는데, 국립생태원의 멸종위기종복원센터, 국립공원공단의 국립공원야생생물보전원이 있다. 국립생태원의 멸종위기종복원센터에서는 멸종위기종 복원에 대한 통합관리체계를 운영하고, 국립공원야생생물보전원에서는 야생적응 훈련, 야생 방사, 관찰(모니터링) 등 서식지와 현장 관리를 주로 수행한다.

한편, 국제사회는 생태계 보전을 위한 협력을 폭넓게 이어가고 있다. 다양한 국제기구와 비정부단체들이 지구적 차원의 환경 문제에 적극적으로 대응하고 있는데, 대표적인 기관으로 국제자연보전연맹(IUCN), 세계자연기금(WWF), 유엔환경계획(UNEP)이 있다.

국제적인 협력과 정책 연구를 중점적으로 수행하는 기관으로는 유엔환경계획(UNEP)과 국제자연보전연맹(IUCN)이 있으며, 현장 중심의 생태계 보전 및 복원 연구를 수행하는 기관으로는 세계자연기금(WWF)이 있다.

국제자연보전연맹(IUCN)은 생물다양성 보전과 지속가능한 자연 관리 연구를 수행하는 세계 최대의 환경보호단체다. 멸종위기종의 상태를 평가하는 적색목록(Red List)을 관리하며, 세계 각국의 보호지역 네트워크 구축을 지원한다.

유엔환경계획(UNEP)은 유엔 산하기관으로, 생물다양성 보전과 기후변화 대응, 지속가능한 발전을 위한 국제적 협력을 이끌어 간다. 전 세계 환경정책 수립을 지원하며, 생태계 복원 및 보전 연구와 자금 지원을 수행한다. UNEP와 협력하는 세계자연보전모니터링센터(UNEP-WCMC)는 생물다양성 데이터 분석 및 보호지역 연구를 담당하며, 생태계 변화 감시 시스템을 운영한다.

세계자연기금(WWF)은 기후변화 대응, 서식지 보호, 해양 및 담수 생태계 보전 등 다양한 분야에서 활동하는 세계적인 환경보호 NGO다. 특히, 동물보호와 자연보전 캠페인을 전 세계적으로 펼치며, 기업 및 정부와 협력해 친환경 정책을 촉진하는 데 기여하고 있다.

지금까지 살펴본 다양한 기관이 어떻게 생태계를 지켜나가고 있는지 좀 더 명확해졌기를 바란다. 공통적으로 보전 연구를 수행하고 있지만, 각 기관의 근거 법령에 따라 그리고 주무 부처에 따라 주요 기능 및 역할에서 차이가 있음을 알 수 있다. 우리 모두 헷갈렸던 보전 관련 기관들을 더 자세히 알고 싶다면, 국립생물자원관(www.nibr.go.kr), 국립생태원(www.nie.re.kr), 국립공원연구원(www.knps.or.kr), 국립산림과학원(nifos.forest.go.kr), 국립수목원(kna.forest.go.kr), 국제자연보전연맹(IUCN, www.iucn.org), 유엔환경계획(UNEP, www.unep.org), 세계자연기금(WWF, www.worldwildlife.org) 홈페이지에서 확인할 수 있다.

참고자료

1) Leclère, D., et al. (2020). Bending the curve of terrestrial biodiversity needs an integrated strategy. Nature, 585. https://doi.org/10.1038/s41586-020-2705-y

2) 조선왕조실록 중 "예종실록, 즉위년 10월 11일" (조선왕조실록, n.d.). 국사편찬위원회. https://sillok.history.go.kr

3) 조선왕조실록 중 "광해군일기(정초본)", 125권, 광해 10년 3월 27일 병술년 1번째 기사. (조선왕조실록, n.d.). 국사편찬위원회. https://sillok.history.go.kr

4) 이동혁, 조용찬, 김한결, 이봉우, 김성식, 최영태 (2022). 광릉숲. 국립수목원.

5) 이창석, 유영한 (2001). 미래를 위한 생태학으로서 복원생태학의 발전과 전망. Journal of Ecology and Environment, 24(3), 191-202.

6) Van Andel, J., & Aronson, J. (Eds.) (2012). Restoration ecology: The new frontier (2nd ed.). John Wiley & Sons.

7) Odum, E. P., & Barrett, G. W. (1971). Fundamentals of ecology (3rd ed.). Saunders.

8) WDPA 홈페이지. https://www.protectedplanet.net/en/thematic-areas/wdpa?tab=WDPA

9) IUCN Summary Statistics. https://www.iucnredlist.org/resources/summary-statistics

10) Primack, R. B., Primack, R. B., Primack, R. B., & Primack, R. B. (2008). A primer of conservation biology. Sunderland: Sinauer Associates.

11) 국립생물자원관 홈페이지. https://www.nibr.go.kr/cmn/sym/mnu/mpm/115020100/htmlMenuView.do

12) 국립생태원 홈페이지. https://www.nie.re.kr/nie/main/contents.do?menuNo=200174

13) 국립공원연구원 홈페이지. https://seorak.knps.or.kr/research/main/contents.do?menuNo=7040019

14) 국립산림과학원 홈페이지. https://nifos.forest.go.kr/kfsweb/kfi/kfs/cms/cmsView.do?cmsId=FC_001604&mn=UKFP_02_01

15) 국립수목원 홈페이지. https://kna.forest.go.kr/kfsweb/kfi/kfs/cms/cmsView.do?mn=UKNA_06_05&cmsId=FC_003279

16) 국가생물다양성 정보공유체계 홈페이지. https://www.kbr.go.kr/content/view.do?menuKey=738&contentKey=168

17) 한국학자료포털. https://kostma.aks.ac.kr

18) 이창석 등 (2013). 복원생태학: 생태학의 첨단분야. 라이프사이언스.

MAGAZINE

지속가능한 지구, 조용하지만 분명한 목소리   VOL. 07

PAWPRINT JOURNAL

야생동물 이야기를 전하는 전문 콘텐츠

© 고은경 기자

EXPERT CONTENT
THAT TELLS
THE STORY
OF WILDLIFE

contents

- 멸종위기종이라며… 우리는 제대로 보호하고 있나
- 개발에 밀려 서식지를 잃어가는 야생동물들
- 유해야생동물이면 함부로 죽여도 되나
- 야생생물 밀거래와 백색목록제도의 도입
- [칼럼] 인간과 동물의 공존을 위해서는

고은경
한국일보 기자

고은경 기자는 도시와 야생의 경계에서 인간의 시야 밖으로 밀려난 생명들의 이야기를 기록해온 생태 저널리스트다. 『Pawprint Journal』은 그가 만들고자 한 가상의 저널이자, 야생동물의 발자국 위에 남겨진 상처와 침묵을 따라가는 르포이다. 그는 멸종위기종뿐 아니라 '유해동물'이라 낙인찍힌 고라니, 비둘기, 멧돼지의 현실도 외면하지 않으며, 밀렵·밀거래·서식지 파괴 같은 제도화된 폭력을 집요하게 추적한다.

지속가능한 지구: 조용하지만 분명한 목소리

멸종위기종이라며…
우리는 제대로 보호하고 있나

" 현장에서 본 멸종위기 야생동물 "

인간의 활동으로 인해 동물은 살아갈 터전을 빼앗긴 지 오래다. 이는 이미 숫자로도 증명되고 있다. 세계자연기금(WWF)은 2024년 10월 발간한 「2024년 지구 생명 보고서」에서 지난 50년 동안 전 세계 야생동물 개체군의 규모가 평균 73% 감소했다고 경고했다.[1] 이는 전 세계 5,495종, 약 3만 5천 개 개체군을 대상으로 분석한 결과다. 1970년부터 2020년까지 담수 생태계가 85%로 가장 많이 줄었고, 육상(69%)과 해양(56%) 생태계가 그 뒤를 이었다.

야생동물 개체군 감소의 주요 원인으로는 식량 시스템으로 인한 서식지 파괴가 지목됐다. 이어 자원 남용, 외래종 침입, 질병 등도 원인으로 꼽혔다. 또 현재의 식량 생산이 전 세계 물 사용량의 70%, 온실가스 배출량의 25% 이상을 차지하고 있는데, 식량의 30~40%는 폐기되거나 소비되지 않아 낭비되는 것으로 추정된다.

2025년 1월에는 전 세계 민물에 사는 물살이와 게, 새우, 잠자리목 곤충 등 **담수 동물 2만 3천여 종 가운데 24%가 멸종위기**에 처해 있다는 연구 결과가 나왔다. 영국 케임브리지 국제자연보전연맹(IUCN) 캐서린 세이어 연구원이 이끄는 국제연구팀이 과학 저널 『네이처(Nature)』에 발표한 결과다. 이는 IUCN **멸종위기종 적색목록에 등재된 담수 동물 2만 3,496종에 대한 멸종위험 평가를 통해 얻은 것이다.**

범위를 좁혀 국내 상황은 어떨까. 우리나라는 국제적 멸종위기종과 멸종위기 야생생물 지정으로 야생동물을 보호하고 있다. 국제적 멸종위기종은 '멸종위기에 처한 야생동식물종의 국제거래에 관한 협약'에 따라 국제거래가 규제되는 종을 말한다. 이와 별도로 자연적 또는 인위적 위협요인으로 인해 개체 수가 현격히 감소하거나 소수만 남아 있어 가까운 장래에 절멸될 위기에 처해 있는 야생생물을 멸종위기 야생생물로 지정해 보호하고 있다.

2022년 기준 멸종위기 야생생물 I급은 68종, II급은 214종으로 총 282종에 달한다. 멸종위기종에 관한 각종 금지조항 및 의무사항이 명시돼 있으며 이를 위반하면 최대 5천만 원의 벌금을 물거나 7년의 징역형에 처해질 수 있다.

하지만 실제 멸종위기 야생생물은 제대로 보호되고 있을까. 현장에서 취재해보면 보호는 아직 먼 얘기인 듯하다. **개발로 인해 서식지가 파괴되는 것은 기본이고 로드킬(찻길사고), 농약 중독, 이동권 제한 등 이들의 생존을 위협하는 요소는 다양했다.**

폭설과 울타리에 갇힌 산양

2024년 멸종위기 야생생물 가운데 가장 주목받은 종을 꼽으라면 단연 산양이다. 관계자들이 "이렇게 산양이 관심을 받은 적이 있었나?"라고 말했을 정도였다. 산양은 멸종위기종 야생생물 I급이자 천연기념물로 쉽게 보기 어려운 동물이었다. 하지만 2024년은 상황이 달랐다. 폭설과 아프리카돼지열병(ASF) 차단 울타리로 인해 발이 묶여 오도 가도 못한 산양이 도롯가에서 잇따라 목격됐다. 기자도 태어나서 지금껏 산양을 한 번도 본 적이 없는데, 2024년 2월 말 취재를 위해 6시간 동안 설악산 일대를 돌며 만난 산양만 무려 40여 마리에 달했다. 안타깝게도 2024년 한 해에만 산양 1천여 마리가 떼죽음당하는 비극적인 결과가 발생했다.

산양을 취재하면서 제일 당황스러웠던 부분은 산양이 얼마나, 왜 죽었는지 제대로 조사조차 돼 있지 않았다는 점이다. 시민단체인 '국립공원을 지키는 시민의 모임'과 천연기념물 관리기관인 국가유산청(옛 문화재청)으로부터 관련 자료를 받아 일일이 분석해야 했다. 먼저 2019년부터 2024년 2월까지 멸실(사망)신고 기록을 받아 연도별·지역별로 자료를 분류했고, 545마리 중 416마리(76.3%)가 화천군과 양구군에서 죽었다는 점을 발견해냈다. 또 이 지역에 ASF 차단 울타리와 농가가 친 울타리가 집중돼

폭설이 내린 2024년 11월 27일 강원 화천군 도로 위에 모습을 드러낸 천연기념물 산양
ⓒ 국립공원을지키는시민의모임

있는 점도 알 수 있었다. 정부가 산양 떼죽음의 원인으로 주장하는 폭설 이외에 울타리가 산양의 죽음에 영향을 미치고 있다는 점을 제시한 것이다.

또 산양 사망 원인을 파악하기 위해 받아본 멸실 신고서를 보고서는 깜짝 놀라지 않을 수 없었다. 마리당 멸실 신고 내용이 담긴 파일과 사진이 첨부된 파일 2개로 구성돼 있어 총 1,090개의 파일을 일일이 열어봐야 했다. '국립공원을 지키는 시민의 모임' 활동가들과 함께 일일이 사체로 발견된 산양의 추정 연령, 성별, 사망 원인 등을 분류해 분석했다. 하지만 작성 기관이나 작성자에 따라 내용 편차가 커 분석하는 데는 한계가 있었다. 그럼에도 산양 10마리 중 6마리는 탈진해 굶어 죽었고, 앞서 언급한 화천군과 양구군의 경우에는 이 비율이 무려 77.4%에 달한다는 점을 발견해냈다.

왜 정부가 먼저 했어야 할 일을 언론과 시민단체가 해야 하는지 이해할 수 없었다. 더욱이 요즘 같은 첨단기술 시대에 앱(응용소프트웨어)으로 관련 내용을 제대로 분류해 입력하게만 해도 됐을 일이다.

산양 떼죽음의 경우 문제 해결을 위해서는 그 원인부터 제대로 분석해야 하는데, 이러한 기본적인 원칙마저 지켜지지 않은 사례였다. 다행히 국가유산청과 환경부는 산양 보호를 위해 예산을 편성하고 합동대책까지 내놓았다. ASF 차단 울타리 구간 가운데 일부를 부분 개방했고, 구조와 치료를 하는 양구 산양·사향노루센터에 대한 지원도 이뤄졌다.

하지만 아직 안심하기는 이르다. 무엇보다 울타리를 일부 개방하는 게 산양에게 얼마나 도움이 될지에 대해 회의적인 시각이 많은 것도 사실이다. 또 아직 먹이 주기 등이 산양에 어떤 영향을 미칠지도 연구된 바 없다. 산양에 대한 관심이 커진 만큼 이제라도 이들을 위한 체계적인 대책이 마련되길 바란다.

개발에 희생되는 고리도롱뇽, 삵, 수달

아파트 개발 등으로 서식지가 파괴된 대표적인 종으로는 고리도롱뇽과 삵, 수달을 꼽을 수 있다. 우리나라 고유종이자 멸종위기종 야생생물 II급인

멸종위기 야생생물 II급인 삵은 날렵한 사냥꾼이다.
ⓒ 충남야생동물구조센터

고리도롱뇽(Hynobius yangi)은 1997년 부산 기장군 고리원전 부지에서 발견돼 고리도롱뇽이라는 이름이 붙었고, 2003년에는 국제 학계에도 새로운 종으로 보고된 국제적 희귀종이다. 주로 영남 남동부권에 서식하는데, 서식지 개발로 개체 수가 크게 줄면서 2017년부터 멸종위기종 II급으로 지정·보호되고 있다.[2]

고리도롱뇽은 매년 습지가 있는 경남 양산시 동면 사송리 일대로 내려와 산란하고 9월이 되면 성체가 돼 물 밖으로 나와 다시 산으로 올라간다. 이들이 본격적인 위기에 처한 건 이 지역에 2017년 12월 말부터 대규모 아파트와 도로 건설공사가 시작되면서부터다. 시민단체들은 "서식지 내 오수 유입, 집수정 내 성체 고립 등 관리 소홀로 인한 집단 폐사가 반복돼왔다"며 "고리도롱뇽 개체 수가 최소 80%가량 줄어들었다"고 주장했다.

이들을 보호하기 위한 유일한 대책으로는 서식지 보전이 꼽힌다. 전문가들은 전 세계에서 경남 양산, 부산, 울산 이 일대에만 사는 종으로 변화에 민감하기 때문에 서식지가 조금만 오염돼도 이들에게는 치명적이라고 말한다.

멸종위기 야생생물 II급인 삵이 살아가는 현실 역시 척박하다. 이전에는 전국에 널리 분포했지만 개발로 인해 서식지가 줄었고, 결정적으로는 1960년대 쥐 잡기 운동 과정에서 농약에 중독된 쥐를 먹으면서 개체 수가 크게 줄었다.[3]

2019~2023년 충남야생동물구조센터에 구조된 삵의 수는 2019년 9마리, 2021년 13마리, 2023년 17마리로 해마다 조금씩 늘고 있는 추세다. 구조 원인을 살펴보면 찻길사고(16건)가 가장 많았고 어미를 잃음, 인공구조물 침입 후 고립, 덫에 걸림이 뒤를 이었다. 국립생태원이 발표한 '로드킬 다발 구간 정밀조사'에 따르면 2022년 찻길사고로 죽은 법정보호종 388마리 가운데 230마리(59.3%)가 삵이었다.

삵은 이미 사람과의 접촉에 익숙해져 있어 도시 인근 공원을 비롯해 양계장 등 주택가까지 내려와 활동하고 있다. 2023년에는 강원 태백시의 유기동물보호소에서 생후 60일 미만의 어린 삵이 고양이로 오인돼 안락사되기도 했다.

이들을 위한 방안 역시 서식지를 파괴하지 않는 것밖에 없다. 산림성 포유류인 삵을

ⓒ DrNickStafford, pexels

현장에서 본
위기에 처한
야생동물

개발에 밀려 서식지를 잃어가는 야생동물들

멸종위기 야생생물이 아닌 야생동물들의 삶은 더 고단하다. 멸종위기종이나 천연기념물이라면 보호 대상이라도 되지만 그렇지 않은 동물들은 더더욱 인간의 개발 논리에 밀리게 된다. 멸종위기종은 말 그대로 "개체 수가 줄어들어 멸종위기에 처해 있는 종들"을, 천연기념물은 "학술 및 관상적 가치가 높아 그 보호와 보존을 법률로 지정한 동물 또는 식물, 지질 광물 등"을 말한다.

하지만 멸종위기종이나 천연기념물이 아니라고 해서 동물이 생태계에 미치는 영향이 중요하지 않은 건 아니다. 더욱이 생태계에 미치는 영향을 떠나 인간이 해당 동물의 서식지를 파괴하고, 위기에 처하게 할 권리가 있을까.

감염병과 찻길사고에 시달리는 너구리

2024년 1월 서울 관악구 서울시 야생동물보호센터에서 구조된 너구리를 만난 적이 있다. 보호시설 내 작은 그물침대 위에 쉬고 있는 너구리 한 마리가 눈에 띄었는데, 눈빛은 또랑또랑했지만 몸에 털이 다 빠지고, 각질로 뒤덮여 있었다. 너구리를 괴롭히는 주원인인 개선충(옴진드기)에 감염됐기 때문이다.[7]

서울시 야생동물보호센터에 구조돼 개선충 치료를 받고 있는 너구리 한 마리. 서울 강서구 개화역 부근에서 구조된 이 개체는 털이 다 빠진 상태였다.
ⓒ 고은경 기자

반면 다른 6마리는 한 이동장 안에서 서로의 몸에 기댄 채 웅크리고 있었다. 6마리로는 보이지 않을 정도로 서로의 몸에 얼굴을 파묻은 상태였다. 5마리는 개선충에 감염됐고, 다른 1마리는 개에게 물린 것으로 추정되는 교상 부위가 감염돼 승저증(구더기증) 치료를 받고 있다고 했다. 너구리가 뭉쳐 있는 모습은 무리 생활을 하는 습성을 보여주는데, 그러다 보니 전염병 역시 빠르게 확산된다고 한다.

사실 너구리는 전보다 사람들 눈에 많이 띄는 것 같다. 온라인에는 서울 도봉구 우이천, 강남구 탄천 등의 산책로뿐 아니라 경기 과천시 대공원, 인천 연수구 송도 지역 공원, 울산 태화강 국가정원 등에서 너구리 목격담이 속속 올라오고 있다. 먹을 것을 찾아 활동 반경을 넓힌 것인데, 고양이 밥을 훔쳐(?) 먹는 모습도 발견된다. 하지만 국립생물자원관에 따르면 너구리의 서식밀도는 2002년 1km^{2}당 4.9마리에서 조금씩 감소해 최근 5년간은 3마리 정도를 유지하고 있다고 하니 도심에 내려오는 너구리 수가 늘었을 수도 있고, 시민이 신고를 많이 했을 가능성도 있다.

너구리를 위협하는 요인은 찻길사고다. 국립생태원에 따르면 2019~2022년 도로에서 사고를 당한 너구리는 8,790마리로 고양이, 고라니에 이어 세 번째로 많았다. 너구리의 서식지인 하천, 저지대 부근에 도로가 밀집돼 있다 보니 이동 중 사고로 이어지는 경우가 많다.

사람 때문에 더 크게 울게 된 매미

전 세계 매미는 3천여 종에 이르는 것으로 알려졌다. 환경부 산하 국립생태원과 국립생물자원관에 따르면 국내에는 2아과(亞科) 13종이 보고되고 있으며, 국내 도심에서 발견되는 대미는 말매미, 참매미, 쓰름매미, 애매미, 털매미, 유지매미 등 6종이다.[8]

여름의 전령사인 매미는 요즘 천덕꾸러기 신세가 됐다. 등장 시기도 빨라진 데다 "맴맴맴~", "치이이이~" 밤낮없이 쩌렁쩌렁 울어대면서 잠을 설친다고 호소하는 이들이 많다.

하지만 매미의 등장 시기가 빨라진 것도, 소리가 더 커지게 된 것도 결국 사람 때문이다. 보통 장마가 끝날 때 매미들의 울음이 시작되지만, 기후변화가 매미의 등장 시기에 영향을 미치고 있다. 기상청이 2021년 발표한 자료를 보면 평년(1991~2020년) 매미의 첫울음 관측은 7월 10일로 이전 평년(1981~2010년)보다 3일 빨랐다. 기후적 여름의 시작일이 2일 빨라진 것과 유사한 경향을 보인 것이다.

매미의 울음을 더 크고 길게 만든 것은 기온 상승과 야간 조명이다. 국내에서 소음의 원인으로 지목되는 종은 가장 몸집이 큰 말매미다. 도심 속 말매미의 개체 수 증가 및 우렁찬 소리의 원인으로는 크게 ① 도심의 온도 ② 적합한 서식지 제공 ③ 매미 포식자 감소 등이 꼽힌다.

2013년 장이권 이화여대 에코과학부 교수팀이 탈피각(허물)을 이용한 매미 밀도를 조사한 결과, 서울 강남과 경기 과천시를 비롯한 수도권의 말매미 밀도가 경기 양평군 등 소도시 지역보다 10~16.5배 높았다. 말매미는 참매미와 달리 27℃ 이상 기온이 유지되는 것을 좋아하는데, 도심 속 열섬 효과로 밤이 돼도 27℃ 이상 기온이 지속되는 공간이 늘면서 늦게까지 계속 우는 것이다.

ⓒ akisukiy92, pexels

말매미가 선호하는 나무들을 많이 심은 것도 원인으로 지목된다. 도로의 가로수나 정원수로는 말매미가 선호하는 양버즘나무(플라타너스)와 벚나무가 주로 심어져 있다. 더불어 말매미와 참매미는 빛의 자극에 반응해 활동하는 성질이 있어 도심의 밝은 조명으로 인해 야간에도 쉬지 않고 운다.

그렇다고 말매미가 늘면서 다른 매미에게 피해를 주고 있는 건 아니라는 게 전문가들의 의견이다. 강재연 국립생태원 생태신기술팀 연구원은 한국일보에 "애매미, 쓰름매미, 유지매미는 말매미나 참매미보다 서식 밀도가 낮지만, 말매미가 있는 곳에 함께 살고 있다"며 "각 매미 종은 각자의 생태적 지위를 차지하며 번식 성공률을 높이고 있다"고 설명했다. 매미는 종마다 서식환경과 생활 패턴이 다르고 도심에서도 말매미와 참매미, 쓰름매미가 함께 우는 소리를 흔하게 들을 수 있어 말매미가 우위를 차지한다고 단정 짓기 어렵다는 것이다.

전문가들은 획일화된 도심 공원 환경 변화 및 수목 교체, 녹지 공간 확충, 친환경 조명 설치 등 말매미 개체 수를 줄이기 위한 서식지 관리 대책 마련을 제안하고 있지만, 적용되지 않고 있는 게 현실이다.

서식지서 쫓겨나는 딱따구리

우리나라에는 쇠딱따구리, 아물쇠딱따구리, 오색딱따구리, 큰오색딱따구리, 청딱따구리, 까막딱따구리가 산다. 경기 북부와 강원 일부 지역에 서식하는 천연기념물이자 멸종위기야생생물 2급인 까막딱따구리를 제외하면 동네 뒷산에서도 쉽게 볼 수 있다.[9]

딱따구리가 나무를 쪼거나 두드리는 이유는 뭘까. 애벌레를 잡아먹고 둥지를 짓기 위해, 자신의 영역을 알리기 위해 나무를 쪼거나 두드린다고 한다. 여기서 중요한 점은 딱따구리의 둥지는 그들의 것만이 아니라는 데 있다.

 딱따구리보전회에 따르면 딱따구리는 나무에 구멍을 파고 아래쪽으로 파 내려가 나무 속에 공간을 만드는 방식으로 둥지를 짓는다. 모진 비바람과 눈보라를 막아주는 것은 물론 천적을 방어하는 데도 최고라고 한다. 이 때문에 박새, 쇠박새, 진박새, 곤줄박이, 동고비 같은 작은 몸집의 새들부터 파랑새, 호반새, 소쩍새 같은 중간 덩치의 새, 큰소쩍새나 원앙과 같이 몸집이 큰 새들도 딱따구리의 둥지를 탐낸다. 다람쥐, 하늘다람쥐도 딱따구리의 둥지를 호시탐탐 노린다.

 딱따구리가 종일 둥지를 지키고 있을 수는 없기 때문에 둥지를 떠나 있는 동안 다른 새나 동물에게 집을 뺏기게 되면 딱따구리는 하는 수 없이 또 다른 둥지를 짓는다. 또 딱따구리가 갉아낸 나무 껍질은 유기비료가 되며, 딱따구리가 쓰러뜨린 나무는 다른 나무를 위한 거름이 된다. 이처럼 딱따구리는 생태계 보전에도 큰 영향을 미친다.

 하지만 이제 딱따구리를 쉽게 만날 수 없게 될지도 모른다. 딱따구리보전회에 따르면 서울 은평구 봉산 이외에 경기 고양시 산황산, 서울 중구 남산 등도 영급(수령 31~40년생) 구조를 개선한다는 이유로 나무를 베어내고 골프장과 곤돌라 사업 등을 앞두고 있어 이곳을 터전으로 삼던 딱따구리는 쫓겨날 위기에 처해 있다.

© apkwaker, pexels

반면 딱따구리에 대한 조사는 이뤄지지 않고 있다. 까막딱따구리조차 개체 수에 대한 연구가 진행된 적이 없고 딱따구리의 수명조차 모른다. 25년째 딱따구리를 조사해온 김성호 딱따구리보전회 공동대표는 한국일보에 "조사에 기초할 때 딱따구리 수가 급격히 감소하는 것으로 보고 있다"고 밝힌 바 있다. 딱따구리의 서식지 파괴는 생태계 파괴로 이어질 수 있다는 점을 간과해선 안 된다.

© jasongillman, pexels

지속가능한 지구, 조용하지만 분명한 목소리

유해야생동물이면
함부로 죽여도 되나

현장에서 본 유해야생동물

정부는 생태계교란 생물은 1속 39종, 유입주의 생물은 853종으로 지정했다. 생태계교란 생물이란 "생태계의 균형을 교란하거나 교란할 우려가 큰 것으로 판단되어 개체 수 조절 및 제거, 관리가 필요한 생물"을 말한다. 생태계교란 생물로 지정되면 수입·반입·사육·양도·양수·보관·운반·방사 등이 금지되며, 위반할 경우 2년 이하의 징역에 처하거나 2천만 원 이하의 벌금이 부과된다.

유입주의 생물이란 "아직 국내에 유입된 적은 없지만, 국내에 유입될 경우 생태계에 위해를 미칠 우려가 있어 사전에 관리가 필요한 외래생물"을 의미한다. 유입주의 생물을 수입할 경우 사전에 관할 유역(지방)환경청의 승인을 받아야 하며, 불법 수입 시 2년 이하의 징역에 처하거나 2천만 원 이하의 벌금이 부과된다.

유해야생동물로 지정된 동물들도 있다. 사람의 생명이나 재산에 피해를 주는 야생동물로서 환경부령이 정하는 종을 말한다. 인명, 가축, 농작물이 피해를 입었거나 피해를 입을 우려가 있는 경우 시·군·구청장으로부터 허가를 받아 포획할 수 있다. **특히 유해야생동물의 경우에는 인간 중심적으로 지정됐다는 점을 부인하기는 어렵다.** 더욱이 포획 기준, 과정에서 동물복지 측면은 아예 고려되지 않고 있는 것으로 보인다.

수조차 알 수 없는 상황에서 포획을 가능케 한 건 농작물에 피해를 준다는 이유에서다.

그렇다면 고라니는 얼마나 농작물에 피해를 주고 있을까. 환경부에 따르면 고라니가 입힌 농작물 피해액은 2018년 25억 9,300만 원에서 2022년 11억 7,100만 원으로 4년 만에 절반 넘게 줄었다. 반면 피해를 준다며 포획한 수는 같은 기간 16만 1,249마리에서 15만 3,527마리로 크게 변함이 없다.

더 이해하기 어려운 점은 고라니 포획에 대한 현상금으로 지급된 비용이 고라니로 인한 농작물 피해액보다 많다는 데 있다.

멸종위기종이자 유해야생동물인 고라니

고라니는 세계자연보전연맹(IUCN)이 취약종으로 지정한 세계적 보호종이다. 중국에서도 보호종이며, 북한에서는 천연기념물로 지정돼 있다. 반면 국내에서는 1984년 7월 유해조수로 지정되면서 총기를 이용한 포획이 허용되고 있다. **2022년에만 포획으로 15만 마리가 희생됐고, 찻길사고로는 연간 6만 마리가 목숨을 잃는다.**[10]

국제적으로는 멸종위기종인데 국내에서는 왜 유해야생동물로 지정돼 있을까. 국내에서는 대부분 지역에서 발견되는데, 개체

농수로에 빠진 고라니. 충남야생동물구조센터에 들어오는 고라니 10마리 중 1마리는 농수로 등 인공구조물에 고립된 경우다. ⓒ 충남야생동물구조센터

ⓒ Pixabay, pexels

10년간 고라니의 모습을 사진으로 담아낸 문선희 작가가 환경부와 농림축산식품부의 발표 자료를 토대로 2011년부터 2018년까지 고라니가 입힌 피해액과 현상금 지급액(추정치)을 계산한 결과, 2015년 피해액은 20억 5,500만 원이었지만 현상금은 30억 1,893만 원이 지급됐다. 이 격차는 계속 벌어져 2018년 피해액은 25억 9,300만 원인 반면, 현상금은 2배에 달하는 52억 3,158만 원에 달했다.

고라니를 위협하는 또 다른 원인은 찻길사고다. 한국도로공사가 5년간(2017~2021년) 발생한 고속도로 동물찻길사고(총 7,467건)를 분석한 결과 사고를 당한 야생동물의 86%가 고라니였다. 하지만 충남야생동물구조센터에 따르면 다시 자연으로 돌아가는 경우는 20% 수준에 그친다.

전문가들은 고라니로 인한 피해를 줄이기 위해 일정 부분 포획이 불가피하다 하더라도 고라니에 대한 연구가 선행돼야 한다고 말한다. 또 농수로에 탈출로를 설치하는 등 찻길사고와 인공구조물로 인한 피해를 줄이기 위한 방안도 모색해야 한다.

외래질병과 포획의 희생양 멧돼지

멧돼지와 관련하여 가장 많이 보는 뉴스는 멧돼지가 사람 사는 곳으로 내려와 우왕좌왕하다가, 때로는 사람을 공격하려고 시도하다가 결국 사살됐다는 내용일 것이다. 하지만 왜 멧돼지가 최근에는 도심까지 내려오는지, 이들이 얼마나 포획되고 있는지, 포획 이외의 대책은 마련돼 있는지에 대한 보도는 거의 없다.

멧돼지는 2005년 농작물과 분묘 등을 파헤친다는 이유로 유해조수로 지정돼 총기

ⓒ Paul_Henri, pexels

를 사용한 포획이 가능해졌다. 이와 더불어 2019년 아프리카돼지열병(ASF)을 막는다는 이유로 적극적인 포획 정책이 시행되고 있다. 이는 양돈 농가 보호 목적이 깔려 있다. 같은 돼지이지만 축산물로 길러지는 돼지를 위해 멧돼지를 죽이는 셈이다.

멧돼지가 늘어난 것처럼 보이지만 실상은 다르다. 1km²당 서식밀도는 2019년 6.0마리에서 2022년에는 1.1마리까지 줄었다. 멧돼지 포획에만 연간 100억 원대가 넘는 세금이 들어가고 있다.[11]

멧돼지가 ASF 매개체인 것처럼 보이지만, 실제로는 이들도 희생양이다. ASF에 걸린 멧돼지의 치사율은 90% 이상이며 고열, 기립불능, 구토 등에 시달리다가 대부분 열흘 이내에 폐사한다. 국내에 ASF가 들어온 확실한 원인은 밝혀지지 않았지만, 사람에 의해 들어온 것만은 분명하다는 데는 이견이 없다.

멧돼지가 도심으로 내려오는 것은 멧돼지들이 실제 주택가 주변에서 살고 있기 때문이다. 또 번식기에 이동하는 과정에서 도심으로 내려오거나 도심 지역에 사는 멧돼지가 등산객 등에 놀라 쫓겨 내려올 가능성도 제기된다. 포획, 사체 수색 등으로 인해 압박을 느낀 멧돼지가 오히려 총기 포획을 하지 않는 도심지역으로 튀어나올 수 있다는 의견도 있다.

멧돼지 포획이 불가피하다고 하더라도 이러한 포획 정책이 ASF 확산을 차단하고, 멧돼지를 도심으로 내려오는 걸 막는 데 효율적인지, 또 생태계에서 중요한 역할을 하는 멧돼지를 이렇게 포획해도 되는지에 대한 고민이 필요하다. 전문가들은 서식밀도가 아닌 ASF 확산 현황, 농작물 피해 현황, 도심 출몰 현황 등을 다각도로 분석하고 계획을 세워야 한다고 말한다. 또 포획하더라도 인도적이고 체계적인 방법을 강구해야 한다.

평화의 상징에서 유해야생동물이 된 비둘기

뚱뚱해서 날지 못한다는 의미를 담은 '닭둘기'라는 별명이 생겼지만, 비둘기는 한때 평화의 상징으로 칭송받았다. 1980년대에는 교황 미사 등 각종 행사에 비둘기를 날려 보냈고, 1988년 서울하계올림픽 준비를 위해 비둘기 기르기를 장려했다. 하지만 국립생물자원관이 2021년 발간한 「집비둘기 관리방안 수립 연구 보고서」를 보면 각종 행사에 방사된 비둘기는 다른 조류에 비해 비교적 번식 성공률이 높아 개체 수가 늘면서 건물 부식, 문화재 훼손 등의 문제를 야기했고, 2009년 결국 유해야생동물로 지정됐다.[12]

전국에 사는 비둘기 수는 얼마나 되고, 또 어디에 많이 살고 있을까. 국립생물자원관에 따르면 개체 수는 최소 18만 3,334마리에서 최대 29만 5,507마리로 추정된다. 지역별로는 경북, 서울 순으로 개체 수가 많았고 가장 많이 관찰된 곳은 습지 등 초지 지역에 이어 문화·체육·상업시설 등 시가화·건조지역이 뒤를 이었다.

비둘기 관련 민원도 발생한다. 72개 지자체 설문조사에 따르면 배설물·깃털(41%)이 가장 많았고, 심미적 원인은 27%, 기타도 20%나 됐다. 기타에는 다친 비둘기를 구조하거나 먹이를 주는 주민과의 갈등이 포함돼 있다.

2025년 1월 24일부터는 지자체 조례를 통해 집비둘기 등 유해야생동물에 먹이 주는 행위를 금지하거나 제한할 수 있게 됐다. 이를 위반하면 1차 20만 원, 2차 50만 원, 3차 이상 100만 원의 과태료가 부과된다.

동물보호단체들과 시민은 일방적인 먹이 주기 금지보다 불임모이 급여 등의 방법을 시행하자고 얘기하지만, 다른 조류에도 영향을 줄 수 있어 전문가들은 부정적인 입장이다. 한편 방법에 차이는 있지만, 비둘기의 개체 수를 조절해야 한다는 데는 의견이 일치한다. 사람과 비둘기의 생활권이 겹쳐 문제를 야기하는 것도 있지만, 비둘기 간 경쟁으로 그들의 복지 수준이 떨어질 수도 있어서다.

비둘기 수를 증가시킨 원인도 결국 사람에게 있다. 사람과의 갈등을 줄이고, 비둘기들의 복지를 고려하기 위한 다양한 방안을 모색하고 시도해야 한다.

서울 용산구 지하철 효창공원역 인근을 거닐고 있는 비둘기의 모습
ⓒ 고은경 기자

© MAKY_OREL, pexels

먹이를 찾아온 죄로 포획당하는 민물가마우지

민물가마우지는 겨울 철새로 한때 탐조가들로부터 사랑받았다. 하지만 어느새 그 수가 증가하고 일부 개체는 텃새화하기 시작했다. 그러다가 수목 고사(백화현상)와 함께 내수면 어업 등의 영업에 피해를 준다며 유해야생동물로 지정돼 2024년 3월부터 총기 포획이 가능해졌다.

실제로 본 새끼 민물가마우지의 모습은 귀여웠다. 경기 수원시 팔달구 서호공원에서 만난 가마우지들은 먹이를 찾기 위해 30초가량 잠수했다가 나오지만 대개는 허탕이었다. 그 대신 나뭇가지, 쓰레기 등을 장난감 삼아 물었다 놨다 하며 시간을 보냈다.

지난달 21일 경기 수원시 서호공원에서 새끼 가마우지 한 마리가 아이스크림 쓰레기를 물고 있다.
ⓒ 왕태석 선임기자, 한국일보

이곳은 아직까지 민물가마우지가 마음 놓고 쉴 수 있지만, 다른 지역에선 그렇지 못하다. 환경부에 따르면 2024년 3월부터 5월 말까지 전국 지자체에서 포획한 가마우지 수는 2,266마리였다.[13]

민물가마우지가 국내에서 늘어난 것도 결국 사람 탓이다. 2019년 발표된 정진문 한국교원대 박사학위논문을 보면 개체 수 증가와 번식지 확장의 원인으로 ① 농약에 의한 위험성 감소 ② 민물가마우지에게도 좋은 번식지인 백로과 조류의 집단번식지 다수 ③ 한국 내륙 습지의 풍부해진 어류자원 ④ 내륙 수계에 민물가마우지와 생태적 지위가 겹치는 종 부재 ⑤ 댐과 보 건설로 인한 인공호수 증가 ⑥ 천적 부재 ⑦ 기후의 온난화로 인한 결빙 일수 감소 등을 꼽았다.

즉, 보와 댐, 저수지를 만들면서 물이 깊은 곳이 늘어났고 잠수 능력이 뛰어난 민물가마우지가 살기 좋은 환경이 된 것이다. 양식장, 낚시터 등은 민물가마우지가 먹이를 쉽게 구할 수 있는 매력적인 장소가 될 수밖에 없다.[14]

민물가마우지의 유해야생동물 지정과 현재의 포획 정책은 정당했을까. 이진희 야생생물생태보존연구소 대표는 한국일보에 "유해야생동물 지정 당시 이 같은 결정은 시기상조며 기초조사부터 다시 시작해야 한다고 정부에 건의했지만 결국 묵살됐다"면서 "잘못한 것도 없는 민물가마우지에게 고스란히 피해가 돌아가고 있다"고 비판했다.

민물가마우지의 먹이 양과 종류, 생태계에 미치는 영향 등에 대한 조사가 부족한 상황에서 피해를 입었다는 민원에 근거해 유해야생동물 지정이 추진된 것이다. 28개 지자체가 양식장, 낚시터 등 58개 수역의 피해를 보고했지만 피해가 정량적으로 측정되지는 않았다.

전문가들은 민물가마우지를 포함해 환경부의 유해야생동물 지정 방식에 대한 근본적인 변화가 필요하다고 입을 모았다. 지역별로 상황이 다른데 유해야생동물은 일률적으로 지정되는 데다 한 번 지정되면 웬만해선 해제되지 않는 점도 문제라는 것이다.

또 유해야생동물 지정 시 사람이 할 수 있는 모든 방법을 강구해 피해를 막기 위한 노력이 전제돼야 한다는 의견도 나온다. 동물이 출몰할 수 있는 공간에 경계를 철저히 해 피해를 감소시키고, 그 수를 줄여야 한다면 제대로 된 조사에 기반해 목표를 세우고 그 이후의 모니터링까지 실행해야 한다는 것이다.

경기 수원시 서호공원 인공섬에서 민물가마우지가 나무 위에 앉아 쉬고 있다. ⓒ 왕태석 선임기자, 한국일보

야생생물 밀거래와 백색목록제도의 도입

국회 환경노동위원회 소속 김위상 국민의힘 의원이 환경부로부터 받은 자료를 보면 2023년부터 2024년 8월까지 전국 밀렵·밀거래 적발 건수는 총 1,879건에 달한다. 2023년 적발 건수 1,185건보다 늘어난 것이다. 지역별로 보면 경북(359건)이 가장 많았고 강원(189건)과 경남(126건), 충북(119건), 전북(104건) 등도 다른 지역과 비교해 약 2배 이상 많았다. 2023년 4월에는 경북 울진군에서 멸종위기야생동물 I급 산양 2마리에 대한 위법행위가 적발되기도 했다. 2024년에도 252건의 야생동물 밀렵·밀거래가 적발된 상황이다. 2019년부터 2023년까지 5년간 전국에서 수거된 불법 사냥도구도 3만 140개에 달했다. 올무가 2만 5,816개로 가장 많았고 덫 1,569개, 뱀을 잡기 위한 그물 562개 순이었다.

야생동물 밀거래는 전 세계에서 매년 약 230억 달러가 거래될 만큼 규모가 크며 무기, 인신매매, 마약밀매 같은 범죄와 얽혀서 조직적으로 이뤄진다고 한다. 야생동식물 밀렵과 밀거래는 생태계를 해치고 생물다양성을 위협한다. 또 사람의 건강도 심각하게 위협한다는 주장도 있다. 핀란드와 미국·영국·호주 등으로 구성된 생물다양성 분야 전문가들이 2021년 『생물학적 보전(Biological Conservation)』 국제 저널에 발표한 「불법 또는 지속 불가능한 야생 동식물 거래와 관련해 인류에 보내는 과학자들의 경고」라는 논문에서는 "야생동식물의 국제거래를 더욱 엄격하게 규제해야 한다"고 강조했다. 야생동식물 거래로 인해 새와 포유류·파충류의 61.6%가 개체 수가 줄어들었고, 16.4%는 멸종위기에 처했다는 것이다. 또 사람과 야생동물 간의 접촉이 늘어나는데, 이는 결국 질병 전파를 촉진하게 된다고도 했다. 인수공통전염병의 3분의 1 정도가 사람이 서식지를 과도하게 침입한 탓이라는 것이다.[15]

기를 수 있는 야생동물 지정하는 백색목록 도입된다는데

파충류, 조류 등 야생동물을 반려동물로 기르는 사람들도 있다. 하지만 야생동물의 습성을 파악하고 복지 기준을 충족시키면서 이들을 기르는 건 쉽지 않다. 그러다 보니 야생동물이 유기되는 사례도 늘고 있다. 2023년 8월에는 서울 지하철 3호선 서울 고속버스터미널역 인근과 광진구 화양동 주택 밀집가에서 검은색 킹스네이크가 1마리씩 발견됐다. 같은 해 7월에는 충남 홍성군과 경북 영주시에서 각각 1m와 60~70cm 크기의 사바나왕도마뱀이 나타났다. 이 외에 그해에만 그물무늬비단뱀, 호스필드육지거북, 레오파드육지거북, 늑대거북 등이 목격되기도 했다. 이 동물들은 모두 국내에 서식하지 않는 외래종으로 반려동물로 키워지다가 유기된 것으로 추정됐다.

한 파충류 가게에서 서랍안에 전시되고 있는 도마뱀 ⓒ 독자

이처럼 생태계 교란과 감염병 확산을 막기 위한 대책이 필요하다는 지적에 따라 정부는 야생동물 백색목록제 도입을 준비 중이다.[16]

2022년 12월 개정된 「야생생물 보호 및 관리에 관한 법률」에 따라 2025년 12월 도입될 백색목록은 법정 관리를 받지 않아 관리 사각지대에 놓인 야생동물을 '지정 관리 야생동물'로 분류하고 이 가운데 특정 야생동물종의 목록을 작성해 이에 포함된 종을 제외한 다른 모든 야생동물종의 수입, 판매, 개인 소유를 금지하는 제도다. 백색목록을 도입한 국가로는 벨기에, 네덜란드, 노르웨이, 싱가포르, 크로아티아, 룩셈부르크, 몰타 등이 있다.

환경부에 따르면 2011~2019년 수입된 살아 있는 야생동물은 총 350만여 마리로, 연평균 39만여 마리에 달한다. 이 가운데 파충류가 연평균 약 28만 마리로 가장 많고,

양서류, 포유류, 조류 순으로 수입되고 있다.

제도 도입 취지는 좋지만, 평가 기준 선정을 놓고는 잡음이 끊이지 않았다. 평가제도를 놓고 먼저 우려가 제기된 부분은 평가위원의 전문성과 준비기간이다. 정부는 이번에 평가위원이 학계, 산업계, 연구기관 소속 27명이라고만 밝혔다. 하지만 동물단체와 관련 업계에서는 위험평가를 위해 각 종 또는 분류군에 대한 수의학적·생태학적 지식이 요구되는데, 분류군마다 3~4명의 평가위원이 2년도 안 되는 시간에 부족한 자료를 바탕으로 검토한 것에 대한 우려를 제기했다.

또 다른 문제는 백색목록에서 가장 중요한 동물복지 기준이 제대로 반영되지 못하고 있다는 것이다. 정부는 평가 항목에 동물복지 기준을 넣었다는 입장이지만, 동물단체들은 부족하다고 본다. 동물복지문제연구소 어웨어는 백색목록제를 시행하는 룩셈부르크, 벨기에 등에서도 동물복지 평가 기준은 빠짐없이 들어가 있다고 말한다. 또 먹이원, 무리 생활 등을 다루는 동물복지 기준을 정부가 주장하는 평가 항목으로는 평가될 수 없다는 것이다.

백색목록제를 시행하면 관련 업계나 기르는 사람들에게 제약이 따를 수밖에 없다. 그렇다 하더라도 제도의 취지 자체가 가정에서 야생동물의 습성을 고려해 기를 수 있는 최소한의 동물만 허가하고 그 외의 동물은 기르지 못하게 한다는 데 있다는 점을 간과해서는 안 된다. 허술한 기준으로 제도를 도입한다면 오히려 수입과 사육을 허가·장려하는 결과를 초래할지도 모른다.

> 칼럼
> # 인간과 동물의 공존을 위해서는

© Schnapp_schuss, pexels

인간은 개발이라는 미명 아래 비인간 동물이 사는 곳을 개발하고 그들의 영역을 침범하고 파괴해왔다. 동물도 서식지 파괴로 인해 인간이 사는 곳까지 밀려나오게 됐다. 그러면서 인간과 동물의 접점이 많아지고 불가피하게 갈등이 발생하고 있다. 하지만 갈등 해결 과정에서 인간은 언제나 자신만의 이익을 우선시해왔다. 더욱이 동물로 인해 인간이 피해를 입는 상황이 발생할 경우 해결책은 포획, 제거 등 동물을 인간의 눈앞에서 치워버리는 것이었다.

인간은 야생동물을 멸종위기종, 천연기념물, 생태계교란종, 유해야생동물 등으로 구분해 관리하고 있다. 이 역시 동물의 관점이 아닌 철저하게 인간의 기준이나 관점에 따른 것이다. 그러다 보니 고라니처럼 세계적으로는 멸종위기종인데 국내에서는 유해야생동물인 이중적 지위를 갖게 되는 동물마저 생긴다.

동물 입장에서는 멸종위기종, 천연기념물이라고 해도 안심할 수 없다. 법으로는 보호 대상에 해당하지만 인간의 개발 논리는 당해낼 수 없다. 멸종위기종이나 천연기념물에 속하지 않는 야생동물, 심지어 생태계교란종이나 유해야생동물의 경우에는 더 말할 것도 없다. 서식지 파괴뿐 아니라 로드킬, 농약 중독, 포획 등으로 동물이 설 자리는 사라지고 있다.

가장 큰 문제는 인간이 동물에 대해 너무 모른다는 것이다. 보호하든 규제하든 이를 위해서는 그 동물을 우리가 알고, 이해하고 있어야 한다는 게 전제가 돼야 한다. 하지만 인간은 해당 동물의 개체 수조차 제대로 파악하지 못한 상

강원 화천군에서 사육곰을 위해 만든 방사장 '곰숲'에 나와 있던 '미자르'의 생전 모습
ⓒ 곰보금자리프로젝트·카라

ⓒ Kridsadar, pexels

태에서 포획 수를 책정하는 등의 정책을 펴고 있다. 해당 종에 대한 정보가 많지 않은 상황에서 정책을 펴다 보니 근본적인 해결 방안은 요원할 뿐이다.

야생동물을 공통적으로 위협하는 요소 중 하나는 찻길사고다. 전국 도로에서 발생한 찻길사고는 연간 8만 건에 달한다. 2021년 12월 기준 우리나라 전체 도로 길이는 11만 3,405km로, 지구 2.8바퀴를 돌 수 있다고 한다. 도로는 야생동물의 서식지를 파괴하고, 생태계를 단절시킨다. 동물 입장에선 그야말로 죽음의 도로다.

인간에게 필요한 도로 등의 시설을 설치하고, 인간에게 피해를 입히는 동물들을 '제거'하는 것으로 문제가 해결될까. 답은 "그렇지 않다"이다. 동물이 사라지면 그 피해는 고스란히 인간에게 돌아오게 된다. 설사 인간에게 피해가 돌아오지 않는다고 해도 인간이 동물의 서식지와 생명을 빼앗을 권리는 없다.

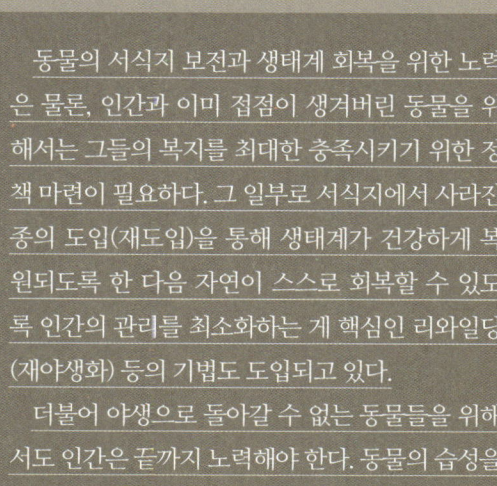

동물의 서식지 보전과 생태계 회복을 위한 노력은 물론, 인간과 이미 접점이 생겨버린 동물을 위해서는 그들의 복지를 최대한 충족시키기 위한 정책 마련이 필요하다. 그 일부로 서식지에서 사라진 종의 도입(재도입)을 통해 생태계가 건강하게 복원되도록 한 다음 자연이 스스로 회복할 수 있도록 인간의 관리를 최소화하는 게 핵심인 리와일딩(재야생화) 등의 기법도 도입되고 있다.

더불어 야생으로 돌아갈 수 없는 동물들을 위해서도 인간은 끝까지 노력해야 한다. 동물의 습성을 최대한 살리면서 보호하기 위한 보호시설(생크추어리) 건립 등이 그 시도가 될 수 있을 것이다.

ⓒ 고은경 기자

조금 다른 얘기지만, 국내외에서는 동물에 법인격체 지위를 부여하려는 움직임도 시도되고 있다. 미국에서는 동물권 보호단체 '비인간권리프로젝트(NhRP)'가 야생동물에 대해 구속·구금된 개인이 법원에 신체적 자유를 요구할 수 있는 권리인 '인신보호청원(habeas corpus)'을 요구하는 소송을 벌이고 있다. 국내에서도 동물을 당사자로 한 소송이 제기된 바 있고, 최근에는 제주남방큰돌고래 등 동식물과 자연에 법적 권리를 부여하는 '생태법인' 제도를 도입하기 위한 법 개정안이 발의되는 등 비인간 존재의 권리 확보를 위한 노력은 계속되고 있다.

NhRP를 이끄는 동물권 변호사인 스티븐 와이즈는 "사람들은 우리가 침팬지에게 인권을 주려 한다고 생각한다. 사실이 아니다. 우리는 침팬지에게 침팬지의 권리를 주고자 한다"고 말한다. 동물을 보호 대상으로 여기는 것 자체가 인간의 오만이라는 지적도 있다. 인간이 할 일은 거창한 동물 복지, 보호가 아닌 동물의 권리를 있는 그대로 보장해주는 것부터 시작해야 한다.

*
이 장은 가상신문 콘셉트에 맞춰 한국일보에 게재된 시리즈 '위기의 도심 동물들'을 포함해 기존에 보도됐던 기사 내용을 정리하고 새로운 글과 의견을 더한 것이다. 멸종위기종야생동물, 멸종위기종이 아닌 야생동물, 유해야생동물로 지정된 야생동물로 나눠 각 사례를 통해 현재 야생동물 보호 체계의 문제점을 제기했다. 또 개인이 기르는 야생동물의 현황과 이를 규제하기 위해 도입될 예정인 백색목록제도를 소개했다.

참고자료

1) 세계자연기금(WWF) (2024). 2024년 지구 생명 보고서.
2) 고은경 (2024. 12. 12). 아파트 개발로 떼죽음 당한 멸종위기종 고리도롱뇽… 정부는 뭐 했나. 한국일보.
3) 고은경 (2024. 5. 16.). 한반도 유일한 고양잇과 포식자 '삵'이 위험하다. 한국일보.
4) 고은경 (2023. 10. 19). 멸종위기 수달의 고달픈 서울살이… 하천 개발과 로드킬 위협 크다. 한국일보.
5) 고은경 (2025. 2. 6.). 먹이 찾아 3000 km 날아왔는데… 농약에 떼죽음 당하는 천연기념물 독수리. 한국일보.
6) 고은경 (2024. 9. 19.). 구조 아니면 죽음… 사육곰 279마리에게 주어진 '운명의 길'. 한국일보.
7) 고은경 (2024. 1. 11.). 도심의 습격자, 전염병 숙주? 너구리는 억울하다. 한국일보.
8) 고은경 (2024. 8. 22.). "인간아, 너 때문에 운다"… 구박 받는 매미의 절규. 한국일보.
9) 고은경 (2024. 6. 13). '숲속 건축가' 딱따구리가 위험해지니… 임차동물 보금자리도 사라져. 한국일보.
10) 고은경 (2023. 11. 16.). 농작물 1만5000원어치 먹었다고 수렵되는 비운의 동물, 고라니. 한국일보.
11) 고은경 (2023. 12. 14). 병 걸려 죽고, 총 맞아 죽고… 멧돼지는 억울하다.
12) 고은경 (2024. 2. 8). 우리도 살구싶다구구구구~ '천덕꾸러기' 된 비둘기의 비애. 한국일보.
13) 고은경 (2024. 7. 11). "먹이 찾아 온 죄로"… 미운털 박혀 총기 포획 당하는 가마우지. 한국일보.
14) 정진문 (2019). 한국의 민물가마우지 (Phalacrocorax carbo) 번식 생태와 개체군 변동에 대한 연구. 박사학위논문. 한국교원대학교.
15) Cardoso, P., et al. (2021). Scientists' warning to humanity on illegal or unsustainable wildlife trade. Biological Conservation, 263. https://doi.org/10.1016/j.biocon.2021.109341
16) 고은경 (2023. 10. 10). 생태계 교란 위험 없는 파충류만 기를 수 있게 한다는데… 어떤 논의 이뤄지고 있나. 한국일보.

집필진 소개

김병기

환경과 생명의 현장을 기록하며 깊이 있는 시선으로 독자와 시대를 연결해 온 언론인으로, 다수의 수상 경력을 통해 그 공로를 인정받았다. 2024년에는 KTV 국민영상제에서 〈합강습지, 생명을 품다〉로 대상을 수상했고, 2019년 제20회 전주국제영화제에서는 다큐멘터리 〈삽질〉로 다큐멘터리상을 수상했다. 또한 2017년 제1회 만해언론인상 일반보도 부문 수상, 2003년 제13회 환경인상 녹색언론인상 수상을 통해 지속적으로 환경 보도 분야에서 두각을 나타냈다.

언론계에서의 주요 경력으로는 2008년 9월부터 2012년 5월까지 오마이뉴스 편집국장을 역임했으며, 이후 2016년 1월부터 2017년 5월까지 오마이뉴스 부사장으로 재직하며 언론의 현장성과 공공성을 실천해왔다.

185개국, 수백만 명이 참여한 기후파업, SNS와 디지털을 기반으로 조직화된 청년 기후운동은 김병기 기자가 주목한 새로운 변화의 흐름이었다. 『The Climate Movement』는 이러한 청년 세대의 실천과 회복의 상상력이 모여 만든, '강물처럼 흐르는' 생명의 신문이며, 김병기 기자는 그 흐름을 가장 가까이에서 기록해온 관찰자이자 동행자다.

minifat@ohmynews.com

문세영

이화여자대학교에서 국어국문학을 전공하고 같은 학교에서 석사를 취득한 뒤, 동아사이언스 기자로서 과학 기술과 환경, 생명 및 건강 분야를 중심으로 취재 활동을 이어오고 있다. 생명의 조건과 기술의 윤리를 동시에 응시해온 그는 환경 보도의 최전선에서 인간과 지구의 지속가능한 관계를 모색하는 저널리스트다.

수소버스, 스마트팜, 탄소포집기술 등 대체에너지의 가능성과 한계를 치밀하게 분석하면서도 '정의로운 전환'이라는 핵심 가치를 놓지 않는 그의 글은 기술 너머의 사회적 책임을 일깨운다. 『EcoEnergy Review』는 기자 문세영의 시선이 향하는 곳, 그리고 우리가 함께 도달하고자 하는 지속가능한 미래의 한 형상이다.

moon09@donga.com

김연식   지구를 뜨겁게 사랑하고 끝없는 바다를 열정적으로 탐험해온 모험가다. 수십 년간 해양을 누비며 그린피스 환경감시선의 1등 항해사로 활동해온 그는 위기 앞에 선 바다를 응시하는 생태의 눈이자, 실천하는 시민이다. 남극과 적도를 오가며 마주한 기후위기의 현장들을 성실히 기록해온 그는 2021년 『지구를 항해하는 초록배에 탑니다』(문학수첩)를 통해 해양 생태계와 인간 삶의 연결을 문학적 언어로 풀어내기도 했다.

자연에 대한 애틋한 사랑으로 항해해온 그가 이번에는 어쩌면 당연하게도 '펭귄 원탁회의'의 통역자이자, 그린피스 감시선의 기록자이며, 남극을 '지구의 심장'으로 부르며 보호를 외치는 생태 시민으로 나섰다. 『펭귄(들의) 뉴스』는 김연식 선장이 바다 위에서 띄운 하나의 작은 신문이자, 사라져가는 세계와 다시 연결되려는 언어의 시도다.

sophos0426@naver.com

김기범   언어와 과학, 두 세계를 가로지르며 생명의 목소리를 전해온 탐사 저널리스트다. 중앙대학교에서 국어국문학을 전공한 그는 이후 한국방송통신대학교 환경보건학과를 졸업하고, 서울대학교 보건대학원 환경보건학과를 수료하며 생태와 보건 문제에 대한 학제적 식견을 갖추었다.

2016년에는 '독한 사회, 생활화학제품의 습격' 보도로 한국기자상을 수상했고, 같은 해 가습기살균제 사건을 다룬 심층 취재로 KAIST 과학저널리즘 대상을 수상하며 환경 탐사보도의 최전선에 자리매김했다.

이 책에서 그는 '제6차 대멸종'이라는 거대한 재난의 물결 속에서, 생명의 가장자리에서 들려오는 미세한 죽음의 징후들을 과학 데이터와 현장 르포로 끈질기게 기록한다. 『Aqua Chronicle』은 이름 없는 물고기와 멸종위기종들이 "우리와 무관하지 않다"는 사실을 증언하는 목소리이며, 기자 김기범은 그 침묵에 귀 기울이는 최초의 독자를 자처한다.

holjjak@khan.co.kr

김양진

문학과 철학, 그리고 농학을 가로지르며 인간과 자연, 사회를 함께 성찰해온 저널리스트다. 한양대학교에서 국어국문학과 철학을 전공하고, 한국방송통신대학교에서 농학을 공부하며 생명의 언어와 생태적 감수성을 동시에 길러왔다.
한겨레신문과 『한겨레21』에서 사회부, 사회정책부, 전국부 기자로 활동하며 사회적 약자와 환경 문제를 꾸준히 취재해온 그는 2021년 서울환경연합으로부터 환경디딤돌상을 수상하며 환경보도의 진정성을 인정받았다.
"나무 한 그루가 있어 곰팡이, 곤충 등 작은 생물부터 사람 같은 큰 동물까지 숨쉬는 세상이 생깁니다. 나무 한 그루 아끼고 두려워하는 마음으로 취재하려고 합니다."
김 기자의 말이다. 그는 나무를 자원이나 풍경이 아닌, '권리를 가진 생명'으로 새롭게 말하고자 한다. 뉴욕시의 나무지도에서부터 시민 참여형 나무 돌봄 활동에 이르기까지, 그의 시선은 제도·언어·감각의 생태적 전환을 향해 열려 있다. 『Roots & Branches』는 사라지는 나무들을 위한 만가(輓歌)이자, 나무와 인간이 다시 관계 맺을 수 있는 감각을 복원하는 슬로 저널리즘의 실험이기도 하다.

yangjinkim99@gmail.com

정성희

과학과 인문, 정책의 경계를 넘나들며 생태적 사유와 실천을 결합해온 연구자다. 서울여자대학교에서 생명환경공학, 국제학, 독어독문학을 함께 전공한 그는 같은 학교에서 환경생태학 석사 및 박사과정을 마치며 복합적이고 통섭적인 생태학의 길을 걸어왔다.
국립생태원 전문위원과 국립수목원 임업연구사로 활동하며, 실험실과 현장을 오가며 지속가능한 보전 정책과 생물다양성 관리의 실천적 기반을 다져왔다.
이 책에서 그는 광릉숲이라는 '살아 있는 생물권 보전지역'을 중심으로, 550년에 걸친 숲지기의 지혜와 현대 생물다양성 정책을 연결하며, "보전은 기억이고, 복원은 책임"이라는 메시지를 전한다. "쌀 한 톨의 무게는 우주의 무게"라는 말처럼, 작은 실천과 정책 하나하나가 생태적 전환의 시작임을 역설한다.
정성희 연구사의 작업은 단순한 생태 관리가 아니라, 인간과 자연이 다시 관계 맺는 방식 자체를 바꾸는 실천적 보전의 윤리이다.

jungsonghie@korea.kr

고은경

고은경 기자는 언론의 언어로 동물의 생명과 권리를 말해온 국내 대표 동물 전문 저널리스트다. 숙명여자대학교 미디어학과 박사과정에 재학 중인 그는 동물보호와 생명윤리 분야를 중심으로 오랜 시간 현장 밀착 취재와 심층 보도를 이어왔다.

그의 활동은 여러 동물보호단체와 국회로부터도 인정받아 2014년 동물자유연대 감사패, 2021년 동물복지국회포럼 동물복지대상 특별상, 동물보호단체 라이프의 감사패를 수상한 바 있다. 2023년에는 『동물, 뉴스를 씁니다』를 출간하며, 동물을 바라보는 사회의 시선과 보도의 역할에 대한 날카로운 문제의식을 제기했다.

동물을 '보호'해야 할 대상이 아니라, 스스로 권리를 가진 존재로 인식하는 그의 시선은 이 책에서도 글 전체를 관통한다. '리와일딩'과 생크추어리(보호시설), 법적 권리 부여 논의를 소개하며 인간과 비인간이 함께 살아갈 도시 생태계를 모색한다. 『Pawprint Journal』은 그가 던지는 질문이자 제안이다. "우리는 동물을 이렇게 함부로 대해도 되는가?"

scoopkoh@hankookilbo.com